Chouette

4e

13-14 ANS

Français

Hélène Maggiori
Sandrine Girard

W0337763

Hatier

 – ISBN : 978-2-401-05131-7

Ton parcours de révision

Commence par faire le test pour te situer. Coche la case ☐ quand tu as révisé un chapitre.

GRAMMAIRE

CONJUGAISON

ORTHOGRAPHE

VOCABULAIRE

LECTURE ET EXPRESSION ÉCRITE

Des outils complémentaires

Les corrigés

Complète ton entraînement sur le site
hatier-entrainement.com

Maquette : Frédéric Jély, Primo & Primo
Illustrations : Adrien Siroy, Juliette Baily
Mise en pages : Compo Méca – Grafatom

TEST

1. Réponds aux questions du test.
2. Vérifie chaque réponse à l'aide du corrigé, page 2 du livret détachable.
3. Si ta réponse n'est pas juste, entoure le n° du chapitre : il t'aidera à comprendre tes erreurs.

GRAMMAIRE

CHAPITRE

1. Parmi ces déterminants, lesquels sont des articles ?
☐ mon ☐ le ☐ une ☐ de la ☐ votre ☐ ces ☐ quelle ☐ des ☐ deux

1 p. 6

2. Coche les pronoms dans la liste ci-dessous.
☐ des ☐ elle ☐ y ☐ celui ☐ ces ☐ ton ☐ le nôtre ☐ personne ☐ qui

2 p. 7

3. Combien d'expansions le nom en couleur a-t-il ?
Magnifique palais, riche musée, le château de Fontainebleau reçoit des milliers de visiteurs.
☐ 1 ☐ 2 ☐ 3 ☐ 4

3 p. 8

4. Combien y a-t-il de phrases simples dans le texte suivant ?
Ce matin, la pluie a cessé, mais quelques nuages subsistent. Une sortie en mer est-elle bien raisonnable ? Ne vaut-il pas mieux aller voir un film qui passe au cinéma ?
☐ 1 ☐ 2 ☐ 3

5 p. 10

5. Indique la fonction du groupe en couleur dans la phrase ci-dessous.
Le jury a décerné le premier prix à une jeune athlète russe. ☐ COD ☐ COI ☐ COS

8 p. 13

6. Indique la fonction du groupe en couleur dans la phrase ci-dessous.
Julie a passé son bac l'année dernière. ☐ COD ☐ COI ☐ CC

9 p. 14

7. Indique la nature et la fonction de la proposition en couleur dans la phrase ci-dessous.
Maxime a dit à son collègue qu'il l'appréciait.
Nature : ☐ relative ☐ conjonctive Fonction : ☐ COD ☐ complément du nom

11 p. 16

8. Indique la fonction de la subordonnée circonstancielle en couleur.
Il fait trop chaud pour que nous allions nous promener. CC de ☐ but ☐ temps ☐ conséquence

14 p. 19

CONJUGAISON

CHAPITRE

9. Complète les phrases en conjuguant les verbes au présent de l'indicatif.
Zoé (résoudre) .... le problème. – Sabine (peindre) .... des vitraux.

15 p. 20

10. Choisis la forme qui convient.
Le repas fini, je me ☐ levais ☐ levai brusquement de table.
Tous se demandèrent alors si je ☐ reviendrais ☐ reviendrai.

17 p. 22

11. Complète la phrase suivante avec la forme du verbe ***s'éloigner*** **qui convient.**
Après que la bande de loups ...., nous serons en sécurité.

19 p. 24

12. Avec quelle forme faut-il compléter la phrase ci-dessous ?
Pour qu'Oscar me ☐ voit ☐ voie ☐ vois sur le quai de la gare, j'ai mis un foulard rouge.

21 p. 26

13. Réécris la phrase suivante en utilisant une construction impersonnelle.
Respecter les lois semble indispensable.
→ ....

23 p. 28

ORTHOGRAPHE

CHAPITRE

14. Mets au pluriel les groupes nominaux suivants.

un pull rose → des ……………………………………

une robe jaune fluo → des ……………………………………

24 p. 29

15. Coche la bonne réponse.

Des cerises, j'en ai beaucoup ☐ cueilli ☐ cueillies ☐ cueillis.

Les cerises que j'ai ☐ cueilli ☐ cueillies ☐ cueillis sont bien mûres.

26 p. 31

16. Coche l'intrus dans la liste suivante.

☐ remues ☐ institues ☐ conclues ☐ s'habituent

28 p. 33

17. Choisis la forme qui convient dans chacune des phrases.

Mon ami est parti et ne ☐ c'est ☐ s'est même pas retourné.

Mon ami est parti ☐ s'en ☐ sans même se retourner.

30 p. 35

18. Complète la phrase suivante avec *quelle* ou *qu'elle*.

…………… mauvaise nouvelle ta mère a-t-elle reçue aujourd'hui, alors …………… était au travail ?

33 p. 38

VOCABULAIRE

CHAPITRE

19. Indique les différents éléments (radical, préfixe et suffixe) constituant le mot suivant.

inavouable : ……………………………………

35 p. 40

20. Complète la définition suivante en cochant la bonne réponse.

Chercher l'origine d'un mot, c'est chercher :

☐ son étymologie ☐ son orthographe ☐ sa forme au singulier.

37 p. 42

21. Complète les définitions suivantes avec les adjectifs *voisins*, *différents* ou *contraires*.

Des synonymes sont des mots de sens …………………………………… .

Des antonymes sont des mots de sens …………………………………… .

Des homophones sont des mots de sens ………………… mais qui se prononcent de la même façon.

39 p. 44

22. Nomme la figure de style en couleur.

« Cette obscure clarté qui tombe des étoiles » (Corneille)

☐ une antithèse ☐ une périphrase ☐ un oxymore

42 p. 47

LECTURE ET EXPRESSION ÉCRITE

CHAPITRE

23. Réécris la seconde phrase en évitant la répétition des mots en couleur.

Ma sœur ne connaît pas mon collègue. Je parle à ma sœur de mon collègue.

→ ……………………………………

44 p. 50

24. Complète la phrase ci-dessous avec un connecteur logique.

Louise est courageuse …………… elle affronte toute seule les difficultés.

45 p. 52

25. Transforme la phrase ci-dessous en paroles rapportées indirectement.

Je n'ai pas le temps cette semaine, disait-il, mais je le trouverai la semaine prochaine !

→ ……………………………………

……………………………………

47 p. 56

GRAMMAIRE

1 Les déterminants

Quels sont les différents déterminants ?

On appelle **déterminant** un mot qui **introduit un nom** et qui forme avec ce nom le groupe nominal minimal. Il existe différentes catégories de déterminant.

- Les **articles** :
  - définis (*le, la, les*) ;
  - indéfinis (*un, une, des*) ;
  - partitifs (*du, de la, de l'*).
- Les **déterminants** :
  - possessifs (*mon, ma, mes, ton, ta, tes, son, sa, ses, notre, nos, votre, vos, leur, leurs*) ;
  - démonstratifs (*ce, cet, cette, ces + -ci/-là : ce livre, ce livre-ci, ce livre-là…*) ;
  - indéfinis (*aucun, quelques, chaque…*) ;
  - interrogatifs et exclamatifs (*quel, quelle, quels, quelles*) ;
  - numéraux cardinaux (*zéro, un, deux…*) et ordinaux (*premier, deuxième…*).

★ **1** **Complète les phrases avec le déterminant qui convient, puis indique sa classe grammaticale.**

1. Erwan a mal à (la, sa, une) .... tête. → Classe : ....

2. Les étudiants s'interrogent sur (un, leur, quel) .... avenir. → Classe : ....

3. (Cet, Cette, Sept) .... atmosphère est irrespirable. → Classe : ....

SCORE ..../ 6

★ **2** **Réécris la phrase suivante en remplaçant *il* par *ils*.**

Il avait mis ses affaires dans un sac : son pique-nique, sa serviette et ses baskets.

→ ....

....

SCORE ..../ 4

ATTENTION
En changeant le pronom sujet, tu dois aussi changer quatre déterminants.

★★ **3** **Lis le texte et souligne tous les déterminants. Classe-les ensuite dans le tableau.**

La scène se passe à Rome, à l'époque de César.

Flaminius sursauta : dix individus sortaient d'un buisson en poussant de grands cris. C'étaient des colosses armés de gourdins. Il se mit sur pied et se défendit comme il put, mais, malgré sa vigueur, il ne pouvait rien contre cette troupe. Plusieurs coups dans l'estomac lui coupèrent le souffle, d'autres sur la tête lui firent perdre connaissance.

D'après Jean-François Nahmias, *Titus Flaminius, La Fontaine aux vestales* © Albin Michel, 2003.

COUP DE POUCE
Tu dois trouver dix déterminants, dont trois articles indéfinis.

Articles		Déterminants			
définis	indéfinis	possessifs	démonstratifs	indéfinis	numéraux
....	....	....	....	....	....
....	....	....	....	....	....

SCORE ..../ 10

Corrigés p. 2

TOTAL ..../ 20

GRAMMAIRE

2 Les pronoms

À quoi sert un pronom ?

- Un pronom se substitue le plus souvent à un nom :
  *J'aime bien **Léo** ; je **l'**ai invité à ma fête.*
- Mais il peut aussi remplacer :
  – un adjectif qualificatif ; *Ma sœur est **grande**, je **le** suis aussi.*
  – un infinitif ; ***Tricher**, **c'**est interdit et inutile.*
  – une proposition. ***Il n'est pas content** ; je **le** sais.*

★ 1 Complète les phrases avec le pronom qui convient.

1. Ces livres-ci m'appartiennent, mais .... sont à toi. • **2.** J'ai rangé mes affaires, à toi de ranger .... • **3.** Après les résultats de l'examen, les uns sont tristes, ... sont contents. • **4.** Je suis allé voir le film .... tu m'as parlé.

SCORE .... / 4

Quels sont les différents pronoms ?

- On distingue les pronoms :
  – personnels (*je, tu, il, elle, nous, vous, ils, elles, me, te, se, le, la, les, moi, toi, lui, leur, en, y*) ;
  – démonstratifs « simples » (*celui, celle(s), ceux, ce*) ou « composés » (*ceci, cela, celui-ci (-là), celle-ci (-là)...*) ;
  – possessifs (*le mien, le tien, le sien, le nôtre, le vôtre, le leur, les miens...*) ;
  – relatifs (*qui, que, quoi, dont, où, lequel...*) ;
  – interrogatifs (*qui, que, quoi, lequel, laquelle...*) ;
  – indéfinis (*chacun, personne, certains, rien, aucun...*).

★★ 2 Souligne tous les pronoms et place-les dans le tableau.

Un vieux pêcheur, après avoir pêché un espadon aussi grand que sa barque, a dû lutter jusqu'à l'épuisement contre les requins qui dévorent sa prise.

Le vieil homme respirait avec les plus grandes difficultés ; il avait dans la bouche un goût bizarre, ferreux et douceâtre qui l'effraya beaucoup sur le moment. Il se savait vaincu, définitivement et sans remède. La barque était bien légère maintenant, et le vieux n'avait plus ni sentiments ni pensées. Il était au-delà de tout ; il ne songeait plus qu'à ramener sa barque au port aussi bien que possible.

« On a le vent pour nous, en tout cas, pensa le vieux pêcheur. » Et quand celui-ci entra dans le petit port, comme personne n'était là pour l'aider, il rama aussi loin qu'il put.

D'après Ernest Hemingway, *Le vieil homme et la mer*, trad. Jean Dutourd © Éditions Gallimard, 1952.

Pronoms personnels	Pronoms démonstratifs	Pronoms relatifs	Pronoms indéfinis
....	....	....	....
....	....	....	....

SCORE .... / 15

INFO
On, dans le sens de nous, est un pronom personnel.

Corrigés p. 2

TOTAL .... / 19

GRAMMAIRE

3 Analyser un groupe nominal

Quels éléments constituent un groupe nominal ?

- Un groupe nominal (GN) est composé au minimum d'un **déterminant** et d'un **nom** :
  le cahier → *le* = déterminant ; *cahier* = nom.
- Les **expansions du nom** (ou du GN) sont les éléments qui peuvent enrichir le groupe de base selon leur nature :
  – un adjectif qualificatif épithète (*le cahier* ***bleu***) ;
  – un nom ou un GN, complément du nom (*le cahier* ***de français*** ; *le cahier* ***de ma sœur***) ;
  – une proposition subordonnée relative, complément du nom (*le cahier* ***que j'ai trouvé***) ;
  – une apposition (voir page 9).
- Un GN, avec ou sans expansion, peut être **remplacé par un pronom**.
  le cahier que j'ai trouvé → ***celui-ci*** ; *le cahier de ma sœur* → ***le sien***
- Un GN peut occuper **différentes fonctions dans une phrase** : sujet, complément d'objet, complément circonstanciel, attribut...

★★ **1** **Lis le texte, puis réponds aux questions.**

Ils se turent et méditèrent là-dessus, dans un silence entamé seulement d'un étrange bruit haché, monocorde et répétitif, qui semblait provenir du dehors. Dans un premier temps, ce bruit fut une énigme de plus, puis ils comprirent qu'il s'agissait d'un chœur de grenouilles. L'étang devait héberger des centaines, des milliers de grenouilles et, avec la tombée de la nuit, toutes avaient refait surface. Le concert ainsi produit était totalement impénétrable, indéchiffrable, insondable...

D'après Lemony Snicket, *Les Désastreuses Aventures des orphelins Baudelaire*, t. XII, trad. Rose-Marie Vassalo © Nathan, 2006.

a. Quelles sont les expansions qui enrichissent le GN *un bruit* ?

....

b. Quel GN le pronom *toutes* remplace-t-il ?

....

SCORE ..../ 6

★ **2** **a. Complète le texte à l'aide des expansions suivantes :** merveilleuse – obliques – qui donnaient à tous les traits une majestueuse immobilité – de toute sensibilité – gonflées.

> **COUP DE POUCE**
> Tu dois relever deux adjectifs et un groupe nominal.

Quant à la figure, ce n'était point cette beauté calme et sévère des sculpteurs grecs, ...

Tous les traits étaient contractés légèrement : les yeux un peu ...., la bouche relevée des coins, les narines quelque peu .... En vérité, plus on regardait cette admirable statue, et plus on éprouvait le sentiment pénible qu'une si .... beauté pût s'allier à l'absence ....

D'après Prosper Mérimée, *La Vénus d'Ille*, 1837.

b. Relève les expansions du nom *beauté*. Précise leur classe grammaticale et leur fonction.

....

SCORE ..../ 8

Corrigés p. 3

TOTAL ..../ 14

GRAMMAIRE

4 Reconnaître une apposition

Comment reconnaît-on une apposition ?

- L'apposition est une **expansion du nom** qui est séparée du groupe nominal ou du pronom auquel elle se rapporte par une virgule, un deux-points ou un tiret (on dit qu'elle est « **détachée** »). Elle apporte une **information supplémentaire** sur ce GN ou ce pronom.
- L'apposition peut en général se placer **avant ou après** le mot ou le groupe de mots auquel elle se rapporte. Elle peut être déplacée et même supprimée sans que la phrase devienne incorrecte.

1 Souligne dans ce texte toutes les appositions.

COUP DE POUCE
Tu dois trouver quatre appositions.

Les débuts difficiles de Molière

Après s'être endetté et s'être fait beaucoup d'ennemis, Molière est jeté en prison. À sa sortie, il quitte Paris pour la province, avec sa troupe, l'Illustre Théâtre.

Ils quittèrent Paris en début d'après-midi dans une triste charrette, un simple char à bœufs. Les seuls rescapés de l'Illustre Théâtre, entassés sur une litière de foin, ballotaient au rythme de ces animaux étiques et sales.
Preuve de son humeur sombre, une ride profonde barrait le front de Jean-Baptiste Poquelin et deux plis d'amertume creusaient les coins de sa bouche. Tenace, il s'apprêtait à poursuivre la lutte autant d'années qu'il le faudrait.

D'après Pierre Lepère, *La Jeunesse de Molière* © Gallimard Jeunesse, 1999.

SCORE ..../ 4

À quelle classe grammaticale l'apposition peut-elle appartenir ?

- L'apposition est **le plus souvent** :
  - un nom ou un GN ; *Paris, **ville d'Île-de-France**, est la capitale du pays.*
  - un adjectif ou un participe ; ***Illuminée**, la cathédrale se voit de loin.*
  - une proposition subordonnée relative. *La poire, **qui était mûre**, était délicieuse.*

2 Choisis dans la liste suivante l'apposition qui peut apporter une information sur le nom ou le GN en couleur : célèbre dramaturge – qui avaient conquis la Gaule – emblème de la France – catastrophe naturelle.

INFO
L'apposition peut être à droite ou à gauche du nom auquel elle se rapporte.

1. La canicule est une période de très forte chaleur. ....
2. Le drapeau tricolore est hissé sur les édifices publics. ....
3. Les Romains parlaient le latin. ....
4. Molière avait de l'ambition. ....

SCORE ..../ 4

Corrigés p. 3

TOTAL ..../ 8

GRAMMAIRE

5 Analyser une phrase simple

Qu'est-ce qu'une phrase simple ?

- Une phrase a un **sens complet** et possède une structure grammaticale correcte. À l'écrit, elle commence par une **majuscule** et se termine par un **point**.

  La nuit tombe. Les marchands ferment boutique. Cet énoncé contient deux phrases.

- Une phrase simple comporte **un seul verbe conjugué** et un sujet qui lui est propre (GN, nom, pronom…). Elle forme une proposition indépendante.

  *Les marchands **ferment** boutique.*

★ 1 **Rédige une seule phrase simple avec tous les mots suivants :** et – fraîche – immense – la nuit – le paysage – s'étend – sereine – sur.

....

SCORE .... / 8

ATTENTION
Demande-toi d'abord quel est le thème de la phrase.

★★ 2 **Modifie la ponctuation du texte de manière qu'il ne comporte que des phrases simples.**

Anna et Jérémy se sont levés tôt ce matin car un grand voyage en famille se prépare. Leurs parents leur ont annoncé la veille qu'ils partaient tous pour une semaine au Québec : c'était une belle surprise ! Dans quelques heures, ils prendront le train pour Paris, puis un avion les conduira sans escale jusqu'à Montréal.

....

....

....

....

SCORE .... / 7

★★ 3 **a. Dans ce texte, souligne les verbes conjugués.**

Dans ce récit qui se déroule à l'époque de la Ruée vers l'or (1848-1856), Suter est le premier à découvrir de l'or en Californie. Mais ses terres sont dévastées par les autres chercheurs d'or.

Suter s'est retiré dans son Ermitage. Il a ramené ce qu'il a pu de ses troupeaux. Malgré les événements, ses vignobles, ses vergers semblent bénis. Il pourrait encore exploiter tout cela, car il y a dans la contrée disette de vivres, et la nuée des chercheurs d'or est plus d'une fois menacée de famine. Mais Suter n'a plus le cœur à l'ouvrage. Ses employés les plus fidèles, ses hommes de confiance l'ont abandonné. Il n'y a plus de bras pour les cultures. Il n'y a pas un seul berger. Il laisse faire. Il ne fait rien.

D'après Blaise Cendrars, *L'Or* © Denoël, 1960, 2001.

b. Mets les phrases simples entre crochets.

SCORE .... / 20

COUP DE POUCE
Pour chaque phrase mise entre crochets, vérifie que tu as un seul verbe conjugué et un point à la fin.

Corrigés p. 3

TOTAL .... / 35

GRAMMAIRE

6 La construction d'un verbe

Qu'est-ce qu'un verbe d'état ?

- Les **verbes d'état** (*être, paraître, sembler, demeurer, devenir...*) expriment un état ou un changement d'état et se construisent avec un **attribut du sujet**. *Il **paraît** détendu.*

★ 1 Souligne les verbes d'état.

Zézé, enfant battu, a trouvé un ami : Portugâ. Zézé voudrait que son ami l'adopte.

– On ne peut pas choisir son père avant sa naissance. Mais si j'avais pu, je t'aurais voulu toi.
– C'est vrai, Moustique ?
– Je peux le jurer. Et puis, je serai une bouche de moins à nourrir. Je te promets que je ne dirai plus de gros mots. Je cirerai tes chaussures, je soignerai les oiseaux. Je serai le meilleur élève de l'école. Je ferai tout très bien. À la maison, tout le monde serait fou de joie si on me donnait.

D'après José Mauro de Vasconcelos, *Mon bel oranger*, © 1971, Éditions Stock pour la traduction française d'Alice Raillard.

SCORE .... / 4

COUP DE POUCE
Tu dois trouver quatre verbes d'état.

★ 2 Relis le texte de l'exercice 1 et analyse les attributs du sujet comme dans l'exemple.

Ex. : vrai est attribut du sujet c'

1. .... est attribut du sujet ....
2. .... est attribut du sujet ....
3. .... est attribut du sujet ....

SCORE .... / 6

Qu'est-ce qui distingue un verbe transitif d'un verbe intransitif ?

- Les verbes **transitifs** se construisent **avec un complément d'objet**.
  - Ils sont **transitifs directs** s'ils se construisent avec un COD.
    *On ne **choisit** pas son père.*
  - Ils sont **transitifs indirects** s'ils se construisent avec un COI.
    *L'enfant **parle** à son nouvel ami.*
- Les verbes **intransitifs** se construisent **sans complément d'objet**. *Elle **pleure**.*

★★ 3 Entoure au moins cinq verbes transitifs dans le texte de l'exercice 1.

SCORE .... / 5

★★ 4 Entoure les trois verbes intransitifs dans le texte suivant.

Dans les rues tortueuses du quartier, les voitures roulent trop vite. Il est difficile de passer d'un trottoir à l'autre rapidement. Le danger est grand, tant pour les enfants que pour les adultes. Si un accident survient, tout le monde dira que cela devait arriver, mais personne ne fait rien pour l'éviter réellement.

SCORE .... / 3

ATTENTION
Certains verbes peuvent être, selon leur emploi, transitifs ou intransitifs.

Corrigés p. 4

TOTAL .... / 18

GRAMMAIRE

7 Distinguer un COD d'un COI

Quels sont les différents compléments d'objet ?

- Un complément d'objet **complète le sens du verbe**. On ne peut pas le supprimer.

  Le moustique pique ***la fillette****.* → Le sujet *Le moustique* effectue l'action de *piquer*. Cette action s'exerce sur le CO *la fillette*.

- Le **COD** complète le verbe **directement, sans préposition**.

  Amélie achète ***un pantalon****.* → Le verbe *achète*, transitif direct, a un CO sans préposition : *un pantalon*.

- Le **COI** complète le verbe **indirectement, avec une préposition** (*à*, *de*).

  Benoît pense ***à ses prochaines vacances****.* → Le verbe *pense*, transitif indirect, a un CO introduit par une préposition : ***à*** *ses prochaines vacances*.

  Attention ! Quand le COI est un pronom personnel placé avant le verbe, il n'est pas précédé d'une préposition.

  On ***lui*** *donne une mission* (*lui = à lui ou à elle*).

★ **1**

a. Complète les proverbes avec les GN : un bœuf – de l'eau – sa monture – un œuf.
b. Précise s'il s'agit d'un COD ou d'un COI.

1. Qui veut voyager loin, ménage .... → ....
2. Qui vole .... vole .... → ....
3. Méfiez-vous .... qui dort. → ....

SCORE ..../ 7

★ **2**

a. Lis le texte et souligne tous les COD.

Julien est passeur au bord d'un fleuve. Un jour, un étrange individu monte dans sa barque.

Dès que l'homme entra dans la barque, elle enfonça prodigieusement, écrasée par son poids ; une secousse la remonta et Julien commença à ramer. L'eau, plus noire que de l'encre, courait avec furie des deux côtés du bordage. Elle creusait des abîmes, elle faisait des montagnes, et la chaloupe sautait dessus. Julien penchait son corps, dépliait les bras. La grêle cinglait ses mains, la violence de l'air l'étouffait, il s'arrêta.

D'après Gustave Flaubert, *Trois Contes*, « La légende de saint Julien l'Hospitalier », 1877.

b. Relève un COI avec la préposition qui l'introduit. Indique quel est le verbe complété.

COI : .... Verbe complété : ....

SCORE ..../ 10

COUP DE POUCE
Tu dois trouver huit COD. L'un d'eux est un pronom réfléchi.

★★ **3**

Observe les deux propositions en couleur dans le texte de l'exercice 2. Par quels noms peux-tu remplacer les pronoms compléments ? Réécris les propositions.

1. Une secousse ....
2. La violence ....

SCORE ..../ 2

Corrigés p. 4

TOTAL ..../ 19

GRAMMAIRE

8 Distinguer un COI d'un COS

Quelle différence y a-t-il entre un COI et un COS ?

- On donne le nom de **complément d'objet second (COS)** à un COI si le verbe qu'il complète **a déjà un COD** ou un autre COI.
  - *Je parle* ***à mon voisin*** (*à mon voisin* = COI).
  - *On prête la tondeuse* ***aux voisins*** *?* (*la tondeuse* = COD ; *aux voisins* = COS)
  - *Je parle de toi* ***à mon voisin*** (*de toi* = COI ; *à mon voisin* = COS).
- Le COS, comme le COI, est **introduit par une préposition** (*à* ou *de*), sauf s'il s'agit d'un pronom personnel placé avant le verbe.
  - *Je* ***lui*** *parle de toi* (*lui* = COS).

★ 1 **Détermine si le mot ou le groupe de mots en couleur est COI ou COS.**

1. Répondras-tu à son invitation ? → ....
2. Je le confie à sa grand-mère. → ....
3. Cette année, Nicolas renonce à partir en voyage. → ....
4. Ma mère a prêté ses plus beaux bijoux à ma sœur. → ....
5. L'explorateur nous raconte son voyage. → ....

SCORE .... / 5

COUP DE POUCE
Demande-toi d'abord si la phrase comporte un COD.

★★ 2 **a. Souligne les COS dans le texte ci-dessous. Mets entre crochets les COD ou les COI qui les accompagnent.**

Le jeune Marcel vient d'entrer en sixième dans un lycée marseillais.

La population scolaire n'était pas homogène. Il y avait les pensionnaires, les demi-pensionnaires et les externes, qui constituaient vraiment une espèce très différente de la nôtre. Ils arrivaient, dès le matin, dans toute leur gloire. Ils avaient des billes plein les poches. À la récréation de dix heures, ils achetaient au concierge des croissants roux et des croquants blonds qui coûtaient cinq sous la pièce...

Un matin, Bernier me fit un clin d'œil, et tira de sa poche un tube d'argent dont il dévissa le capuchon. Cet appareil s'appelait un « stylographe » ; son père le lui avait rapporté d'Angleterre. Il me montra son fonctionnement. Il ne réussit qu'à lancer un jet soudain d'encre indélébile sur son magnifique cahier neuf.

D'après Marcel Pagnol, *Le Temps des secrets*, Éditions de Fallois, © Marcel Pagnol, 2004.

COUP DE POUCE
Sur les quatre COS à trouver, trois sont des pronoms personnels sans préposition.

b. Indique la fonction de *à lancer* dans la dernière phrase : ....

c. Réécris le passage en couleur en remplaçant les pronoms personnels *le* et *lui* par les mots qu'ils représentent.

....

SCORE .... / 11

Corrigés p. 4

TOTAL .... / 16

GRAMMAIRE

9 Les compléments circonstanciels

Qu'est-ce qu'un complément circonstanciel ?

- Un complément circonstanciel (CC) apporte une **information** sur les circonstances de l'action : il est le plus souvent **supprimable et déplaçable.**

  ***Pendant la nuit**, l'astronome a observé les étoiles.*

- Il arrive cependant que le CC modifie le sens du verbe : il n'est alors **ni déplaçable, ni supprimable.** *Le technicien agit **avec une très grande précision**.*

★★ 1 Parmi les CC en couleur, souligne les compléments qui peuvent être supprimés.

1. Ce matin, le trajet a duré vingt-cinq minutes. • **2.** Pendant le repas, il s'est conduit avec beaucoup de tact. • **3.** Cet enfant pesait quatre kilos à la naissance. • **4.** Cette année, au collège, les cours se terminent à cinq heures. • **5.** Il se rend à Paris pour étudier.

SCORE ..../ 6

Quelles précisions apportent les compléments circonstanciels ?

- Un complément circonstanciel **renseigne**, selon le cas, sur le temps, le lieu, le moyen, la manière, la cause, le but, la conséquence de l'action...
- Il peut être introduit **directement** (sans préposition) ou **indirectement** (avec préposition).

  ***Cet après-midi**, je partirai **avec toi**.*

★★ 2 Lis le texte, puis complète le tableau.

Naufragé sur une île déserte du Pacifique, Robinson Crusoé la baptise « Speranza » et, pour occuper sa solitude, établit un règlement.

Article 1er : Robinson Crusoé, né à York, le 19 décembre 1737, est nommé gouverneur de l'île de Speranza, située dans l'océan Pacifique, entre les îles Juan Fernandez et la côte orientale du Chili. En cette qualité, il a tous pouvoirs pour légiférer sur l'ensemble du territoire.

Article 2 : Les habitants de l'île sont tenus de penser à haute voix. [...]

Article 4 : Le dimanche est chômé. À dix-neuf heures, le samedi, tout travail doit cesser dans l'île, et les habitants doivent revêtir leurs meilleurs vêtements pour le dîner. Le dimanche matin, à dix heures, ils se réuniront dans le temple pour la prière.

Michel Tournier, *Vendredi ou la Vie sauvage* (1971) © Éditions Gallimard, 1977.

CC de temps	....
CC de lieu	....
CC de manière	....
CC de cause	....
CC de but	....

SCORE ..../ 16

COUP DE POUCE
Tu dois compléter chaque case avec un complément au moins.

Corrigés p. 5

TOTAL ..../ 22

10 Reconnaître une phrase complexe

Qu'est-ce qu'une phrase complexe ?

- Une phrase complexe contient au moins **deux verbes conjugués**. Elle est donc constituée d'au moins **deux propositions**.
- Ces deux propositions peuvent être :
  - **juxtaposées** (séparées par une virgule, un point-virgule ou un deux-points) ;
    [Il fait très beau] ***:*** *[il se promène].*
  - **coordonnées** (reliées par une conjonction de coordination ou un adverbe) ;
    [Il fait très beau] ***donc*** *[il se promène].*
  - **subordonnées** (reliées par un mot subordonnant, comme une conjonction de subordination ou un pronom relatif).
    [Il se promène] ***parce qu'****[il fait très beau].*

Il se promène parce qu'il fait très beau.

★ 1 Transforme comme indiqué les couples de phrases simples en phrases complexes.

1. Les oiseaux chantent. Le printemps est là. (coordination)

→ ....

2. Le réveil sonne. Je me lève. (juxtaposition)

→ ....

3. Le chat est parti. Les souris dansent. (subordination)

→ ....

SCORE .... / 3

★ 2 Souligne les verbes conjugués dans chaque phrase, puis complète le tableau.

1. Lisa s'assit à sa table, prit du papier et une plume. • **2.** Plus d'une fois, elle commença une phrase puis déchira la feuille. • **3.** Le lendemain, aussitôt qu'elle aperçut Hermann par la fenêtre, elle ouvrit le vasistas. • **4.** Elle jeta la lettre dans la rue, comptant bien que le jeune homme ne la laisserait pas s'égarer. • **5.** En effet, Hermann la ramassa aussitôt et entra dans une boutique de confiseur pour la lire.

D'après Alexandre Pouchkine, *La Dame de pique*, 1834, trad. Prosper Mérimée.

Phrase	Nombre de propositions	Mot ou signe reliant les propositions	Juxtaposition, coordination ou subordination ?
1.	....	....	....
2.	....	....	....
3.	....	....	....
4.	....	....	....
5.	....	....	....

SCORE .... / 25

COUP DE POUCE
Dans deux phrases, les propositions sont subordonnées.

Corrigés p. 5

TOTAL .... / 28

GRAMMAIRE

11 Les subordonnées relatives

Qu'est-ce qu'une subordonnée relative ?

- La proposition subordonnée relative **complète un nom**, un GN ou un pronom.

  *La grande **maison** [qui est au coin de la rue] est une construction récente.*
  → La relative *qui est au coin de la rue* donne des informations sur le nom *maison*.

- La subordonnée relative est introduite par un **pronom relatif** (*qui, que, quoi, dont, où, lequel…*) qui remplace le mot complété, appelé **antécédent**.

  *L'immeuble [**que** tu vois là-bas] va être démoli.*
  → *immeuble* = antécédent du pronom relatif *que*

- Le pronom relatif composé *lequel* prend **le genre et le nombre de son antécédent**.

  *La maison [dans **laquelle** j'ai grandi] n'existe plus.*
  → *laquelle* = s'accorde au féminin singulier avec son antécédent *maison*

★ 1 Utilise la subordonnée relative pour éviter la répétition du mot en couleur.

1. Je me promène souvent dans cette rue. J'ai passé mon enfance dans cette rue.

→ ……………………………………………………………………………………

2. J'ai visité ce musée. Les tableaux de ce musée sont remarquables.

→ ……………………………………………………………………………………

SCORE ……… / 2

★★ 2 a. Souligne les trois propositions subordonnées relatives et encadre les antécédents.

Le jeudi suivant, de bon matin, le père de Bacaillé, accompagné de son fils, partit à la foire de Baume. Sur le devant de la voiture à laquelle on avait attelé Bichette, la vieille jument, ils s'installèrent sur une botte de paille disposée en travers ; en arrière, sur une litière fraîche, tout le corps dans un sac serré en coulisse autour de son cou, un petit veau de six semaines montrait sa tête étonnée. Le père Bacaillé, qui l'avait vendu au boucher de Baume, profitait de l'occasion qu'offrait la foire pour le conduire à son acquéreur.

Louis Pergaud, *La Guerre des boutons*, 1912.

b. Transforme les expressions ci-dessous en propositions subordonnées relatives.

accompagné de son fils → ……………………………………………………………

de six semaines → ……………………………………………………………………

SCORE ……… / 8

COUP DE POUCE
Pense à mettre les verbes des propositions subordonnées relatives au passé, pour respecter la concordance des temps.

★ 3 Rétablis les pronoms relatifs manquants.

J'ai plusieurs copains : celui ………………………… je m'entends le mieux est José ; Léo, ………………… les autres n'apprécient pas trop, est très fort en maths ; Edgar, ………………… les parents sont acteurs, est très timide. Tous les trois sont vraiment des garçons …………………… on peut compter.

SCORE ……… / 4

Corrigés p. 5

TOTAL ……… / 14

GRAMMAIRE

12 Les subordonnées complétives

Qu'est-ce qu'une proposition subordonnée complétive ?

- Une subordonnée complétive occupe une fonction essentielle dans la phrase complexe.
  - Le plus souvent, elle est **COD**.

    Mathis veut [que tu le retrouves devant le gymnase]. → *que tu le retrouves devant le gymnase* = COD de *veut*
  - Elle peut aussi être **sujet** du verbe ou **sujet réel** dans une phrase impersonnelle.

    [Qu'elle ait réussi son examen] ne m'étonne guère. → *Qu'elle ait réussi son examen* = sujet de *étonne*

    Il faut [que tu sois ponctuel]. → *que tu sois ponctuel* = sujet réel de *Il faut*

1 Souligne les propositions subordonnées qui complètent les verbes en couleur.

COUP DE POUCE
Tu dois trouver trois subordonnées complétives.

La construction de la tour Eiffel

Il fut décidé qu'on installerait là-haut, entre les travées de fer, de petites baraques pour nous, comme des nids qu'on ne verrait pas de la ville. Nous y dormions, nous y mangions, et le soir nous jouions aux cartes. Nous ne nous sentions plus des ouvriers mécaniciens, mais des héros, des saints. Peu à peu, nous prenions conscience que la construction de la tour Eiffel ne serait jamais terminée, maintenant nous nous expliquions pourquoi l'ingénieur avait exigé ce piédestal démesuré, ces quatre pattes de fer cyclopéennes qui semblaient absolument disproportionnées.

D'après Dino Buzzati, in *Le K* (1966), « La tour Eiffel », trad. Jacqueline Remillet © Éditions Robert Laffont, 2002.

SCORE ..../ 3

Quels sont les deux types de propositions complétives ?

- La subordonnée complétive **conjonctive** est introduite par ***que*** et complète un verbe de déclaration (*dire*…), de connaissance (*savoir*…), d'opinion (*penser*…), de volonté (*vouloir*…) ou de sentiment (*craindre*…).

  *Je sais [**qu'**il est là] ; je veux [**qu'**il sorte].*

- La subordonnée complétive **interrogative indirecte** est introduite par un **mot interrogatif** (*quel, qui, quand, si*…) et complète un verbe qui exprime l'interrogation ou l'ignorance (*demander, ne pas savoir*…).

  *Madame Boulanger se demande [**si** sa fille viendra dîner] et [**avec qui** elle arrivera].*

2 Parmi ces phrases, souligne celles qui comportent une subordonnée conjonctive.

1. Emma croit que tu penses encore à elle. 2. Je ne veux pas que tu viennes.
3. Je ne suis plus celui que tu as connu.

SCORE ..../ 2

3 Transforme les interrogations directes en subordonnées interrogatives indirectes.

1. Es-tu passé prendre le pain ? → Je me demande ....
2. À quelle heure viendras-tu ? → Je me demande ....

SCORE ..../ 2

Corrigés p. 6

TOTAL ..../ 7

GRAMMAIRE

13 La subordonnée de temps

Qu'exprime une subordonnée de temps ?

- Le complément circonstanciel de temps peut prendre la forme d'une **proposition subordonnée**.
- Cette proposition CC de temps peut exprimer :
  - une **antériorité** ; la subordonnée est alors introduite par *quand, lorsque, après que, depuis que, aussitôt que*... et son verbe est à l'**indicatif** ;

    Depuis que j'ai changé de collège, *j'ai perdu mes amis.*
  - une **simultanéité** ; la subordonnée est alors introduite par *quand, lorsque, pendant que, tandis que, alors que, au moment où*... et son verbe est à l'**indicatif** ;

    Au moment où il part, *le téléphone retentit.*
  - une **postériorité** ; la subordonnée est alors introduite par *avant que, en attendant que, jusqu'à ce que*... et son verbe est au **subjonctif**.

    Nous resterons ensemble ***jusqu'à ce que tes parents soient rentrés.***

★ 1 Souligne les propositions subordonnées circonstancielles de temps, puis recopie-les dans le tableau selon la nuance qu'elles expriment.

Octavien, qui vit au XIXe siècle, se retrouve brusquement projeté dans l'Antiquité, à Pompéi, juste avant l'éruption du Vésuve.

Pendant qu'Octavien se livrait à ces réflexions, de belles jeunes filles se rendaient aux fontaines. Alors qu'il suivait le trottoir, Octavien se trouva face à face avec un beau jeune homme : « Je me nomme Rufus Holconius ; chaque fois que tu le voudras, je te servirai de guide dans cette ville inconnue pour toi ; allons vite au théâtre, avant que le spectacle ne commence. »

D'après Théophile Gautier, *Arria Marcella*, 1852.

Simultanéité	Postériorité
....	....
....	....

SCORE ..../ 8

COUP DE POUCE
Tu dois relever quatre subordonnées de temps.

★★ 2 Selon la nuance que doit exprimer la subordonnée temporelle, choisis le mot subordonnant qui convient.

1. Simultanéité. ❑ Depuis que ❑ Pendant que je te parle, tu lèves les yeux au ciel.
2. Antériorité. ❑ Après que ❑ Avant que j'ai mangé, je retourne au travail.
3. Postériorité. ❑ Après que ❑ Avant que j'aie mangé, tu m'as rappelé.

SCORE ..../ 3

ATTENTION
Observe le mode du verbe de la subordonnée dans les phrases 2 et 3. Puis relis la leçon.

★★ 3 Coche le verbe qui convient.

1. Après que la pluie ❑ a cessé ❑ ait cessé, je suis sorti.
2. Avant que la terre ❑ n'a tremblé ❑ n'ait tremblé, le village vivait heureux.

SCORE ..../ 2

Corrigés p. 6

TOTAL ..../ 13

GRAMMAIRE

14 Les autres subordonnées circonstancielles

Quelles sont les différentes subordonnées circonstancielles ?

On distingue les subordonnées circonstancielles :

- de **cause**, introduites par *parce que, puisque, comme, étant donné que, sous prétexte que...* suivis de l'indicatif (attention, *non que* est suivi du subjonctif) ;

  Il se réjouit ***parce qu'il a réussi****.*
- de **but**, introduites par *pour que, afin que...* toujours suivis du subjonctif ;

  Je sonne ***pour qu'on m'ouvre****.*
- de **conséquence**, introduites par *de sorte que, si bien que, au point que, que, si... que, tant... que, tel... que, tellement...* ;

  Il a ***tant*** *travaillé* ***qu'il est arrivé en tête****.*
- de **comparaison**, introduites par *comme, de même que, autant que...*

  Il s'exprime ***comme le ferait un adulte****.*

Il se réjouit parce qu'il a réussi.

1 Souligne dans ce texte les propositions subordonnées circonstancielles.

COUP DE POUCE Tu dois souligner quatre propositions.

Comme j'étais frêle et maladif, mes parents n'avaient pas voulu m'envoyer à l'école. Ma mère m'avait seulement appris à lire et à écrire... On avait si peur de mon père qu'à table, nous demandions du pain à voix basse et, pour qu'il n'ait aucune raison de s'énerver, nous ne pleurions pas devant lui. Aussi, dès son départ, ce n'était qu'un sanglot, d'un bout de la maison à l'autre... Mon frère Jacques avait de surcroît le don des larmes. Il pleurait comme on se mouche, plus souvent, voilà tout.

D'après Alphonse Daudet, *Le Petit Chose*, 1868.

SCORE .... / 4

2 Pour chaque proposition soulignée dans l'exercice 1, indique le mode du verbe et la valeur circonstancielle de la subordonnée (cause, but...).

1. Mode : .... Valeur : .... **3.** Mode : .... Valeur : ....

2. Mode : .... Valeur : .... **4.** Mode : .... Valeur : ....

SCORE .... / 8

3 Transforme chaque couple de phrases simples en une phrase complexe contenant une proposition subordonnée circonstancielle.

ATTENTION Tu dois employer des conjonctions de subordination et non de coordination.

1. Tu t'en vas. Rien ne t'intéresse. (cause)

→ ....

2. Il fait froid. Elle reste au coin du feu. (conséquence)

→ ....

3. Elle vernit son meuble. Il ne s'abîmera pas. (but)

→ ....

SCORE .... / 3

Corrigés p. 7

TOTAL .... / 15

CONJUGAISON

15 L'indicatif présent : cas particuliers

À quels verbes du 3e groupe faut-il faire particulièrement attention ?

- ***Vouloir, pouvoir, valoir*** aux 1re et 2e personnes du singulier.

  *je veu**x**, tu veu**x** ; je peu**x**, tu peu**x** ; je vau**x**, tu vau**x*** (mais *il peut, il veut, il vaut*)

- **Les verbes en *-dre*** aux trois personnes du singulier.

  *je pren**ds**, tu pren**ds**, il pren**d*** (*prendre*)

  Note que les verbes en *-indre* et *-soudre*, eux, perdent le *d*.

  *je pein**s**, tu pein**s**, elle pein**t*** (*peindre*) ; *je résou**s**, tu résou**s**, il résou**t*** (*résoudre*)

★ 1 Dans chaque série, barre l'intrus puis explique ton choix.

COUP DE POUCE Mets ces verbes au présent et compare leurs terminaisons.

1. tendre – atteindre – attendre – apprendre – vendre : ....

2. voir – apercevoir – pouvoir – devoir – recevoir : ....

SCORE ..../ 4

★★ 2 Souligne les verbes du 3e groupe conjugués au présent, à la 1re personne du singulier.

COUP DE POUCE Tu dois souligner neuf verbes du 3e groupe.

Louison, dix ans, monte dans le grenier, alors que sa mère le lui a interdit.

Mes yeux s'ajustent à la demi-obscurité. Tout d'un coup, je vois un foulard taché de rouge dont le coin est pincé dans un coffre. Je le prends, le secoue, le tords, le sens, le tire. Il m'intrigue. Une série de portraits de maman empilés les uns contre les autres apparaît. Je les mets en éventail contre le mur. Sombres, ils m'inquiètent. J'aperçois sur un des portraits une petite fille. Et je me souviens.

J'en ai assez de ma promenade... Je vais dans ma chambre... J'y retournerai...

Là-haut, je peux réfléchir aux secrets de maman.

D'après Marie-Christine Helgerson, *Louison et monsieur Molière* © Castor Poche Flammarion, 2001.

SCORE ..../ 9

Quels autres verbes du 3e groupe ont des terminaisons irrégulières ?

- ***Faire*** **et** ***dire*** à la 2e personne du pluriel : *vous fai**tes*** ; *vous di**tes***.

- ***Aller*** à toutes les personnes, sauf aux 1re et 2e personnes du pluriel.

  *je **vais**, tu **vas**, il **va**, elles **vont*** (mais *nous allons, vous allez*)

- Quelques verbes du 3e groupe qui prennent les **terminaisons du 1er groupe**.

  *cueillir : je cueill**e**, tu cueill**es**, elle cueill**e**... ; ouvrir : j'ouvr**e**, tu ouvr**es**, il ouvr**e**...*

★ 3 Réécris les verbes en les conjuguant au présent.

1. Comme vous ne (faisiez) .... et ne (disiez) .... rien, je (commençais) .... à m'inquiéter. • **2.** Quand sa sœur (ouvrait) .... la porte de sa chambre, Noël (éteignait) .... la lumière pour cacher ses trésors.

SCORE ..../ 5

Corrigés p. 7

TOTAL ..../ 18

CONJUGAISON

16 Reconnaître la valeur d'un présent

Quand emploie-t-on le présent dans un récit au passé ?

Dans un récit au passé, le présent peut avoir différentes valeurs.

- Dans les dialogues, les verbes sont au **présent d'énonciation**.
- Pour rendre le récit plus vivant, l'auteur peut recourir au **présent de narration**.

  Je me promenais paisiblement quand, soudain, un orage me ***surprend****...*
- Pour évoquer des faits qui sont toujours vrais, l'auteur peut employer le **présent de vérité générale**. C'est aussi le temps utilisé dans les maximes et les proverbes.

  Qui ***veut*** *voyager loin,* ***ménage*** *sa monture.*

1 **Classe les verbes en couleur selon qu'ils relèvent du présent d'énonciation ou du présent de narration.**

Maître Corbeau, sur un arbre perché,
Tenait en son bec un fromage.
Maître Renard, par l'odeur alléché,
Lui tint à peu près ce langage :
« Hé, bonjour Monsieur du Corbeau,
Que vous êtes joli ! Que vous me semblez beau !
Sans mentir, si votre ramage
Se rapporte à votre plumage,
Vous êtes le Phénix des hôtes de ces bois. »
À ces mots le corbeau ne se sent pas de joie ;
Et pour montrer sa belle voix,
Il ouvre un large bec, laisse tomber sa proie.

Jean de La Fontaine, *Fables*, « Le Corbeau et le Renard », 1668-1694.

présent d'énonciation : ....

présent de narration : ....

SCORE ..../ 7

COUP DE POUCE
Remarque bien que le récit commence au passé (*tenait, tint*).

2 **Explique l'emploi du présent pour chaque verbe en couleur.**

1. Chaque jour, il passait par le chemin qui longe la falaise.

→ ....

2. Furieuse, Katia s'écria : « Ce n'est pas vrai ! je le sais ! »

→ ....

3. Le silence régnait dans les rues du village quand soudain un cri vient brusquement troubler cette paix.

→ ....

SCORE ..../ 3

Corrigés p. 7

TOTAL ..../ 10

CONJUGAISON

17 L'indicatif passé simple

Quelles sont les terminaisons du passé simple ?

- Les terminaisons du passé simple de l'indicatif **dépendent du groupe** du verbe.

	Singulier			Pluriel		
Groupe	**1re pers.**	**2e pers.**	**3e pers.**	**1re pers.**	**2e pers.**	**3e pers.**
1er groupe	-ai	-as	-a	-âmes	-âtes	-èrent
2e groupe	-is	-is	-it	-îmes	-îtes	-irent
3e groupe	-is -us	-is -us	-it -ut	-îmes -ûmes	-îtes -ûtes	-irent -urent

- Quelques verbes particuliers :
  - *venir*, *tenir* et leurs dérivés (*advenir*, *soutenir*, etc.) se terminent par *-ins*, *-ins*, *-int*, *-înmes*, *-întes*, *-inrent* : *je **vins**, tu **vins**, il **vint**, nous **vînmes**, vous **vîntes**, elles **vinrent*** ; *je **tins**...* ;
  - ***aller*** a les mêmes terminaisons qu'un verbe du 1er groupe : *j'**allai**, tu **allas**, elle **alla**...* ;
  - ***être*** : *je **fus**, tu **fus**, il **fut**, nous **fûmes**, vous **fûtes**, elles **furent*** ;
  - ***avoir*** : *j'**eus**, tu **eus**, elle **eut**, nous **eûmes**, vous **eûtes**, ils **eurent***.

★ 1 Complète le texte en conjuguant les verbes entre parenthèses au passé simple.

Zézé décide de fabriquer un faux serpent pour effrayer les passants.

Un après-midi, je (repenser) .... au bas noir. Je l'(entortiller) .... dans une ficelle et (couper) .... le bout du pied. Puis, à l'endroit du pied, j'(attacher) .... un long fil de cerf-volant. De loin, en tirant doucement, ça avait l'air d'un serpent. Le soir, j'(attendre) .... sans bouger près du portillon. Une femme arrivait. Je (courir) .... me cacher et (expérimenter) .... le maniement du serpent. Il (obéir) .... Alors je me (faire) .... tout petit et je me (mettre) .... à tirer le fil du serpent. Il (glisser) .... lentement au milieu de la rue. La femme (pousser) .... un grand cri.

D'après José Mauro de Vasconcelos, *Mon bel oranger*, © 1971, Éditions Stock pour la traduction française d'Alice Raillard.

SCORE .... / 12

COUP DE POUCE
Il n'y a qu'un verbe du 3e groupe en -us.

★ 2 Complète le tableau.

Verbe au passé simple	Infinitif
tu plaças	....
nous	manger

SCORE .... / 2

COUP DE POUCE
Dans l'exercice 3, réfléchis au temps et au groupe de chaque verbe.

★★ 3 Barre l'intrus puis justifie ton choix.

1. erras – consacras – vaincras – pleuras : ....

2. obéit – prit – mit – vit – partit : ....

SCORE .... / 2

Corrigés p. 7

TOTAL .... / 16

CONJUGAISON

18 Employer le passé simple et l'imparfait

Comment choisir entre passé simple et imparfait ?

- Dans un récit au passé, on utilise :
  – le **passé simple** pour raconter les **actions principales** ;
  – l'**imparfait** pour décrire le **cadre**, les **personnages**, et des **actions secondaires** ou **répétées**.

  *« Deux Coqs **vivaient** en paix : une Poule **survint**. »* (La Fontaine)
  → L'imparfait *vivaient* décrit la situation de départ. Le passé simple *survint* exprime l'irruption de la poule dans l'univers des deux coqs : c'est une action qui est au premier plan du récit et qui fait progresser la narration.

- Les **terminaisons** du passé simple varient selon le groupe du verbe.
  Les terminaisons de l'imparfait, elles, sont régulières : *-ais, -ais, -ait, -ions, -iez, -aient.*

1 ★ **À quel temps les verbes en couleur sont-ils conjugués ? Justifie chaque emploi.**

1. La porte s'ouvrit sous la pression du vent qui se déchaînait.

....

2. Chaque jour, je prenais le même train et rencontrais les mêmes gens.

....

SCORE .... / 4

2 ★ **Conjugue les verbes du texte à l'imparfait ou au passé simple, selon le cas.**

Un énorme incendie ravage la savane.

Il (être) .... inutile d'aller plus loin : les girafes (revenir) .... au galop. Je (grimper) .... en haut des rochers. J'y (trouver) ...., couchés sur le flanc, des lions, des boucs, des léopards… Deux longues cornes de feu (s'avancer) .... très loin et déjà (se refermer) .... presque. Et ce qui (être) .... pire, c'(être) .... que le vent (tourner) .... et que les flammes (revenir) .... vers nous.

D'après Roy Lewis, *Pourquoi j'ai mangé mon père* (1960), trad. Vercors et Rita Barisse © Actes Sud, 1990.

SCORE .... / 10

> **COUP DE POUCE**
> Tous les verbes au passé simple sont à la 1re personne du singulier.

Quel est le piège à la 1re personne du singulier ?

- La 1re **personne du singulier** du passé simple et celle de l'imparfait des verbes du 1er groupe se prononcent de la même façon : *je parl**ai*** (passé simple), *je parl**ais*** (imparfait).
- En cas de doute, mets le verbe à la 3e personne du singulier : *il parla* (passé simple), *il parlait* (imparfait).

3 ★★ **Choisis la forme qui convient pour compléter chaque phrase.**

1. Je me demandais si j'❑ allai ❑ allais réussir. • **2.** Un instant j'❑ hésitai ❑ hésitais puis je franchis le seuil de la maison. • **3.** Alors que je ❑ pensai ❑ pensais à lui, il entra.

SCORE .... / 3

Corrigés p. 8

TOTAL .... / 17

CONJUGAISON

19 Les temps composés de l'indicatif

Comment construire les temps composés ?

- Un temps composé se forme avec l'**auxiliaire** (*avoir* ou *être*) conjugué à un temps simple (présent, imparfait, futur, passé simple) et le **participe passé** (p.p.) du verbe. Il existe **quatre temps composés.**

Temps composé	Formation	Exemples
passé composé	auxiliaire au présent + p.p.	*tu **as** pris, il **est** parti*
plus-que-parfait	auxiliaire à l'imparfait + p.p.	*tu **avais** pris, elle **était** partie*
futur antérieur	auxiliaire au futur + p.p.	*tu **auras** pris, il **sera** parti*
passé antérieur	auxiliaire au passé simple + p.p.	*tu **eus** pris, elle **fut** partie*

1 **Souligne tous les verbes conjugués à un temps composé, puis complète le tableau.**

Un meurtre a été commis. M. Utterson, notaire de la victime, se rend chez son ami le Dr Jekyll car il le soupçonne d'avoir abrité l'assassin.

M. Utterson se présenta à la porte du Dr Jekyll. Poole l'introduisit sur-le-champ. Il lui fit traverser les cuisines, puis une cour qui avait été jadis un jardin. Le docteur avait racheté la maison aux héritiers d'un chirurgien. Un escalier aboutissait à une porte qui s'ouvrait sur le cabinet du docteur. C'est là que s'était assis le Dr Jekyll, pâle à faire peur.
« Alors, dit M. Utterson, dès que Poole les eut laissés seuls, vous avez entendu la nouvelle ?
— Les vendeurs de journaux l'ont claironnée dans le square, dit-il... »

D'après Robert Louis Stevenson, *L'Étrange Cas du Dr Jekyll et de Mr Hyde* (1886), trad. Jean-Pierre Naugrette © Librairie Générale Française, 1999.

Verbe souligné	Temps de l'auxiliaire	Temps composé du verbe
....	....	....
....	....	....
....	....	....
....	....	....
....	....	....
....	....	....

SCORE .... / 18

2 **Dans chaque phrase, mets le verbe entre parenthèses au temps demandé.**

1. Je m'en irai seulement quand tu (*arriver*, futur antérieur) ....
2. Nous (*remplir*, passé composé) .... nos poches de bonbons.
3. Le Dr Jekyll (*entendre*, plus-que-parfait) .... la nouvelle.
4. Après que tu (*partir*, passé antérieur) ...., la maison était triste.

SCORE .... / 4

INFO
Les verbes transitifs (qui ont un complément d'objet) se conjuguent toujours avec l'auxiliaire *avoir*.

Corrigés p. 8

TOTAL .... / 22

CONJUGAISON

20 Indicatif futur et conditionnel présent

Quelles sont les terminaisons de ces deux temps ?

- Les formes verbales de l'indicatif futur et du conditionnel présent se ressemblent.
  - **Indicatif futur** :
  *je prendr**ai**, tu prendr**as**, il prendr**a**, nous prendr**ons**, vous prendr**ez**, elles prendr**ont***
  - **Conditionnel présent** :
  *je prendr**ais**, tu prendr**ais**, elle prendr**ait**, nous prendr**ions**, vous prendr**iez**, ils prendr**aient***

★ 1 Complète le tableau.

Infinitif	Indicatif futur		Conditionnel présent	
	1re pers. sing.	3e pers. plur.	1re pers. sing.	3e pers. plur.
être	....	....	....	....
crier	....	....	....	....
finir	....	....	....	....

SCORE ..../ 12

ATTENTION
Fais attention aux verbes du 1er groupe qui ont un e muet avant le r, au futur comme au conditionnel.

Comment différencier les formes homophones ?

- Une confusion est possible à la 1re personne du singulier.
  *Je t'assure que je **viendrai** demain.*
  → indicatif futur = action certaine, évoque l'avenir
  *Je **viendrais** si je le pouvais.*
  → conditionnel présent = hypothèse

- Pour ne pas se tromper, il suffit de changer la personne de conjugaison.
  *Je t'assure que je viendr**ai**.* → *Je t'assure qu'il viendr**a**.* = indicatif futur
  *Je viendr**ais** si je le pouvais.* → *Elle viendr**ait** si elle le pouvait.* = conditionnel présent

★ 2 Souligne dans le texte les verbes au conditionnel présent.

Helen est aveugle et lit le braille, écriture destinée aux malvoyants. Ann est son institutrice.

Si Helen allait à l'école, elle aurait besoin d'une quantité de livres nouveaux et très peu de ces livres avaient été « traduits » en braille. C'est à Ann qu'en incomberait la tâche. Elle devrait soit recopier les livres en braille, soit les épeler peu à peu dans la main d'Helen. Dans les deux cas, il fallait qu'elle commençât par les lire ; or, la vue d'Ann, qui était déjà très mauvaise, s'était encore affaiblie ces derniers temps.
« J'essaierai de tenir le temps qu'il faudra », se dit Ann, qui ne pensait jamais à elle.

D'après Lorena Alice Hickok, *L'Histoire d'Helen Keller* (1958), trad. Renée Rosenthal © Éditions Robert Laffont, 1968.

SCORE ..../ 3

COUP DE POUCE
Tu dois trouver trois verbes au conditionnel présent.

Corrigés p. 8

TOTAL ..../ 15

CONJUGAISON

21 Le subjonctif présent

Comment conjuguer un verbe au subjonctif présent ?

- Quel que soit leur groupe, tous les verbes prennent les mêmes **terminaisons** au subjonctif présent : ***-e, -es, -e, -ions, -iez, -ent***.

  *que je parl**e** ; que tu dis**es** ; qu'il vienn**e** ;*
  *que nous jet**ions** ; que vous ri**iez**... ; qu'ils se tais**ent***

- Seuls les verbes ***être*** et ***avoir*** font exception à cette règle, à certaines personnes.

Être	Avoir
que je sois	*que j'aie*
que tu sois	*que tu aies*
qu'elle soit	*qu'il ait*
que nous soyons	*que nous ayons*
que vous soyez	*que vous ayez*
qu'ils soient	*qu'elles aient*

- Au singulier, les formes de l'**indicatif présent** et du **subjonctif présent** de certains verbes du 3e groupe sont **homophones** mais ne s'écrivent pas de la même façon.

  je crois/ que je croie – je vois/ que je voie – je ris/ que je rie – je cours/ que je coure...

Attention ! Ce n'est pas parce qu'un verbe est précédé de la conjonction *que* qu'il est obligatoirement au subjonctif.

★ 1 Complète le tableau en conjuguant les verbes au subjonctif présent.

Infinitif	3e pers. du singulier	1re pers. du pluriel	3e pers. du pluriel
essayer	....	....	....
prendre	....	....	....
obéir	....	....	....

SCORE ..../ 9

COUP DE POUCE
Pense à l'expression « il faut que » qui est toujours suivie du subjonctif.

★ 2 Conjugue les verbes entre parenthèses au subjonctif présent.

1. Le professeur ne veut pas que cet élève (se sentir) .... exclu.
2. Appelle les urgences : il faut qu'un médecin (intervenir) .... au plus vite !
3. Si vous voulez rendre votre chat heureux, veillez à ce qu'il ne (être) .... pas seul toute la journée.
4. Quoi que (faire) .... ses enfants, elle leur pardonne toujours leurs bêtises.
5. Ma mère ne souhaite pas que nous (avoir) .... un chat à la maison.

SCORE ..../ 5

★★ 3 Complète les phrases suivantes en choisissant la forme qui convient.

1. Tu dis que tu ❑ parcours ❑ parcoures huit kilomètres en une heure.
2. Pour que je te ❑ crois ❑ croie, tu dois me donner des preuves.

SCORE ..../ 2

Corrigés p. 9

TOTAL ..../ 16

CONJUGAISON

22 Les verbes pronominaux

Comment reconnaît-on un verbe pronominal ?

- Un verbe pronominal se conjugue avec un **pronom personnel complément** de même personne que le sujet, appelé **pronom réfléchi**.

  *se lever : je **me** lève, tu **te** lèves, elle **se** lève, nous **nous** levons, vous **vous** levez…*

- Les temps composés d'un verbe pronominal se forment avec **l'auxiliaire** ***être***.

  *je me **suis** levé, tu t'**es** levé, il s'**est** levé, nous nous **sommes** levés…*

★ 1 Conjugue les verbes entre parenthèses au passé composé.

1. Les jours (s'écouler) .... lentement depuis ton départ.
2. Toi, Cédric, tu (se jeter) .... tête baissée dans la bagarre.
3. « Je (se souvenir) .... à temps de mon rendez-vous. », pensa Julie.
4. Vous vous (se préparer) .... pour votre examen, tous les deux.

SCORE ..../ 4

ATTENTION
Vérifie pour chaque verbe que tu as correctement accordé le participe passé.

Quelles sont les différents types de verbes pronominaux ?

- Il existe **différentes catégories** de verbes pronominaux :
  – les verbes pronominaux à valeur **réfléchie** ;
  *Elle **se** regarde dans la glace.* (= elle regarde elle-même)
  – les verbes pronominaux à valeur **réciproque** ;
  *Ils **se** sont enlacés.* (= chacun a tenu l'autre enlacé)
  – les verbes pronominaux à valeur **passive** ;
  *À la fin du spectacle, le rideau **se referme**.* (= le rideau est refermé)

- On appelle **essentiellement pronominaux** les verbes qui sont toujours précédés du pronom réfléchi : *s'enfuir, se souvenir, s'évanouir…*

★ 2 Souligne dans le texte les verbes pronominaux.

La pluie commença par n'être qu'une fine mousseline tiède pendant plusieurs jours. Puis, on put voir ses rayures. Enfin, elle tomba à blocs et elle ne s'arrêta plus de tomber. Les huttes s'effondraient. Il n'y avait d'abri nulle part. Les rochers les plus hauts de la colline ruisselaient d'eau noire. Les ouvriers de la milice en blouse et ceinturon de cuir s'occupaient du sauvetage général. On les voyait partout. Ils s'affairaient de tous les côtés avec une générosité inutile…

Jean Giono, *Le hussard sur le toit* © Éditions Gallimard, 1951.

SCORE ..../ 4

COUP DE POUCE
Tu dois trouver quatre verbes pronominaux.

★★ 3 Parmi les verbes que tu as soulignés dans l'exercice 2, relève deux verbes essentiellement pronominaux.

1. .... 2. ....

SCORE ..../ 2

Corrigés p. 9

TOTAL ..../ 10

CONJUGAISON

23 La phrase impersonnelle

Qu'est-ce qu'un verbe impersonnel ?

- Un verbe impersonnel est un verbe qui ne se conjugue **qu'à la 3e personne du singulier**, avec un pronom sujet *il* qui ne renvoie à rien ni personne. ***Il pleut** depuis deux jours.*
- Ce pronom *il* commande l'accord du verbe à la 3e personne du singulier, même lorsqu'il existe un **sujet réel** au pluriel.

  ***Il passe** peu de personnes par ici.*
  → L'accord du verbe se fait avec *il* (sujet grammatical), et non avec le sujet réel *peu de personnes.*

★ 1 Coche les phrases qui contiennent un verbe impersonnel.

1. ❑ Il a fallu partir plus tôt que d'habitude. • 2. ❑ Il fait très bien son travail. • 3. ❑ Il fait très froid ces jours-ci. • 4. ❑ Il manque encore deux élèves. • 5. ❑ Il manque très souvent à l'appel. • 6. ❑ Il circule très peu de véhicules aujourd'hui. • 7. ❑ Il circulait tous feux éteints. • 8. ❑ Il n'arrive jamais à l'heure. • 9. ❑ Il n'arrive jamais rien ici.

SCORE ..../ 5

COUP DE POUCE
Tu dois cocher cinq phrases.

Quels sont les différents verbes impersonnels ?

- On peut distinguer :
  – les **verbes** qui sont **toujours impersonnels** ; *il faut, il pleut...*
  – les **phrases impersonnelles** obtenues à partir de verbes qu'il est possible de conjuguer par ailleurs à toutes les personnes. *Il arrive (que), il semble (que)...*

★★ 2 Verbe toujours impersonnel (VI) ou phrase impersonnelle (PI) ? Complète les parenthèses avec les initiales qui conviennent.

1. Il neige depuis ce matin. (........) • 2. Il ne reste que cinq kilomètres à parcourir. (........) • 3. Il faut prendre la bonne route. (........) • 4. Il fait un temps épouvantable pour la saison. (........) • 5. Il s'agit d'une affaire urgente. (........) • 6. Il vient peu de monde en ce moment. (........) • 7. Il existe des modèles d'occasion. (........)

SCORE ..../ 7

COUP DE POUCE
Tu dois trouver trois verbes qui sont toujours impersonnels.

★ 3 Transforme les phrases suivantes en phrases impersonnelles.

Ex. : *Traverser au feu vert est obligatoire.* → *Il est obligatoire de traverser au feu vert.*

1. Que tu partes à l'étranger me semble indispensable.

→ ....

2. Bien des tableaux manquent dans cette galerie.

→ ....

3. Fumer dans les lieux publics est interdit.

→ ....

SCORE ..../ 3

Corrigés p. 9

TOTAL ..../ 15

ORTHOGRAPHE

24 Accorder un adjectif qualificatif

Comment accorder un adjectif qualificatif ?

- Quelle que soit sa fonction – épithète, attribut ou apposé –, l'adjectif qualificatif **s'accorde en genre et en nombre** avec le nom ou le pronom auquel il se rapporte.

  *Facile à réaliser, cette salade **italienne** se déguste **froide**.*

- Lorsqu'un même adjectif qualifie **deux noms**, il se met **au pluriel**.

  *Gaëlle a acheté un pantalon et un blouson **blancs**.*

  Si les noms sont de genres différents, l'accord se fait **au masculin pluriel**.

  *Elle porte un pull et une écharpe **assortis**.*

★ 1 Souligne les adjectifs qualificatifs et encadre les mots qu'ils caractérisent.

> Je me retrouvai sur la grande place du Marché qui, à cette heure matinale, grouillait de gens allant faire peser du bois à la bascule publique. À droite se dressait l'hôtel de ville avec sa façade dorée, dont les visages de marbre blanc contemplaient la place. À ma gauche, on apercevait la Nouvelle Église : sa tour, haute et étroite, me rappelait une volière en pierre.

D'après Tracy Chevalier, *La Jeune Fille à la perle* (1999) © La Table Ronde, 2000.

COUP DE POUCE
Tu dois souligner huit adjectifs et encadrer sept noms.

SCORE ..../15

★★ 2 Complète les phrases avec l'adjectif *gentil* correctement accordé.

1. Notre nouvelle voisine semble très .... • **2.** Les enfants, je vous demande d'être très .... avec votre grand-mère. • **3.** Pauline, tu seras .... de ne pas me déranger. • **4.** À première vue, ces personnes paraissent ...., mais il n'en est rien.

SCORE ..../5

Quand ne doit-on pas accorder un adjectif de couleur ?

- Un adjectif de couleur reste invariable :
  - s'il est **composé de deux mots** ;

    *des blousons **bleu marine***

  - si c'est un **nom** employé comme adjectif (sauf *rose, mauve, fauve, pourpre, écarlate*).

    *Il porte des chaussures **marron** et des chaussettes **mauves**.*

★★ 3 Dans ce texte, accorde si nécessaire les adjectifs de couleur.

1. L'araucaria est un conifère aux feuilles rectangulaires et (vert foncé) ....
2. Nathan a gardé les yeux (bleu clair) .... qu'il avait à la naissance.
3. Au crépuscule, l'horizon se pare de reflets (orangé) ....
4. Les uniformes sont (bleu marine) .... avec des liserés (pourpre) ....

SCORE ..../5

Corrigés p. 10

TOTAL ..../ 25

ORTHOGRAPHE

25 Accorder un verbe avec son sujet

Comment s'accorde le verbe avec le sujet ?

- Le verbe s'accorde **en personne et en nombre** avec son sujet.

  J'apprends la nouvelle à l'instant. Nous apprenons que le concert est annulé.

- Si le sujet comporte un **adverbe de quantité** comme *beaucoup de, peu de, combien de...*, le verbe se met **au pluriel**.

  *Beaucoup de touristes **sont montés** en haut de la tour Eiffel.*

- Si le sujet est un **nom collectif** comme *une foule de, une bande de...*, le verbe peut se mettre **au singulier ou au pluriel**.

  *Une nuée d'insectes **tournoyait / tournoyaient** dans la lumière du soir.*

- Si les sujets sont coordonnés par ***ni*** ou par ***ou*** :
  - le verbe est **au pluriel** si les sujets forment **un ensemble** ;

    *Ni Jean ni Paul **ne parlent**.*
  - le verbe est **au singulier** si les sujets **s'opposent** ou sont envisagés séparément.

    *Ni Jean ni Paul n'y **arrivera**.*

★ 1 Après avoir souligné les sujets, conjugue les verbes de ces phrases au présent.

1. L'avion que pren........ Marc et sa femme est en rertard. • **2.** À qui appartien........ ces bottes ? • **3.** Une foule de touristes admir........ la tour Eiffel. • **4.** Ni la force ni la douceur ne peu........ venir à bout de sa résistance.

SCORE ..../8

ATTENTION
Le sujet peut être inversé.

★ 2 Complète le texte avec les formes verbales demandées et souligne le sujet.

Dominique et Françoise habitent dans un moulin que les soldats français ont investi pour tenter d'arrêter l'avancée des Prussiens en 1870.

Dominique et Françoise n'(*écouter, passé simple*) .... pas le Père Merlier. Ils pénétrèrent dans la salle du moulin où une dizaine de soldats (*attendre, imparfait*) .... en silence, les volets fermés, guettant par des fentes. D'autres soldats (*rentrer, imparfait*) .... en rampant, quand l'ennemi les (*déloger, plus-que-parfait*) .... de leurs cachettes. Dans le moulin (*régner, imparfait*) .... silence et inquiétude.

D'après Émile Zola, *L'Attaque du moulin*, 1880.

SCORE ..../10

COUP DE POUCE
Cherche bien le sujet. Parfois, deux accords sont possibles.

★★ 3 Entoure le sujet qui convient dans chaque cas.

1. La multitude de fourmis / Une multitude de fourmis ont envahi le jardin.
2. Mon père, ainsi que ma mère, / Mon père et ma mère est sorti.
3. C'est lui qui / moi qui prend ce sac.

SCORE ..../3

Corrigés p. 10

TOTAL ..../ 21

ORTHOGRAPHE

26 Accorder un participe passé

Comment accorder un participe passé conjugué avec *être* ?

- Le participe passé s'accorde en genre et en nombre **avec le sujet**.

  *Les randonneurs sont **partis** de bon matin.*

- Aux temps composés, un **verbe pronominal** se conjugue toujours avec *être*. Son participe passé s'accorde **avec le sujet** dans la majorité des cas.

  *La brume **s'est dissipée** à peu à peu.*

  Cependant, quand le verbe a un COD (autre que le pronom réfléchi), il faut appliquer les règles d'accord du participe passé conjugué avec *avoir*.

  *Les campeurs se sont **lavé** les mains.* → pas d'accord car le COD est après le verbe.

  *Les chaussures qu'elle s'est **achetées** sont trop petites.*

1 Fais les accords nécessaires.

> Encastré dans le mur, il y avait un énorme anneau de fer, auquel était enchaîn..... un squelette qui paraissait essayer de saisir un plat et une cruche à eau qui étaient plac..... juste hors de sa portée. La cruche avait évidemment été rempl..... d'eau jadis, car elle était recouvert..... à l'intérieur d'une moisissure verte. Il n'y avait rien sur le plat. Ils contemplaient, saisis d'étonnement, la tragédie terrible dont le secret leur était à présent révél......

D'après Oscar Wilde, *Le Fantôme de Canterville* © 1928, 1971, 1998, 2001 Éditions Stock, pour la traduction française de Jules Castier.

SCORE ..../5

COUP DE POUCE
Deux participes passés prennent la marque du féminin et un, celle du pluriel.

2 Choisis le participe qui convient pour compléter chaque phrase.

1. Virginia s'est ❑ agenouillé ❑ agenouillée pour ramasser des coquillages.
2. Ils se sont ❑ écrit ❑ écrits des lettres pendant les vacances.
3. Jeanne et Serge se sont ❑ penché ❑ penchés à la fenêtre du wagon pour saluer leurs amis.

SCORE ..../3

Comment accorder un participe passé conjugué avec *avoir* ?

- Le participe passé reste **invariable** si le verbe n'a pas de COD ou si son COD est placé à sa droite.

  *Nous avons **réussi**. Ils ont **reçu** une récompense.*

- Mais, si le verbe a un **COD placé à sa gauche**, le participe passé s'accorde avec ce COD.

  *Cette récompense, il l'a bien **méritée**. J'ai été sensible aux fleurs qu'il m'a **offertes**.*

  Note cependant que, quand le COD est le pronom *en*, le participe passé reste invariable.

  *Des cerises, j'en ai **cueilli** un panier.*

3 Choisis le GN qui convient pour que l'accord du participe soit correct.

1. Elles photographient ❑ les oiseaux ❑ le tableau ❑ la lampe qu'elles ont remarqué.
2. Il veut rencontrer ❑ les chanteuses ❑ les acteurs ❑ la pianiste qu'il a vus à la télévision.
3. Les promeneurs découvrent ❑ des odeurs ❑ des parfums ❑ une atmosphère qu'ils n'avaient jamais remarquées.

SCORE ..../3

COUP DE POUCE
Vérifie le genre et le nombre du COD.

Corrigés p. 10

TOTAL ..../ 11

ORTHOGRAPHE

27 Les formes verbales en *-i*

Quelles sont les différentes formes verbales en *-i* ?

- Il peut s'agir d'un **verbe conjugué** qui prend les terminaisons :
  - *-ie, -ies, -ient,* dans le cas d'un verbe du 1er groupe en *-ier* conjugué au présent ;

    *vérifier : je vérifi**e**, tu vérifi**es**, il vérifi**e**, elles vérifi**ent***
  - *-is* ou *-it,* pour un verbe du 2e ou 3e groupe conjugué au présent ou au passé simple.

    *finir : je fin**is**, tu fin**is**, elle fin**it*** (présent ou passé simple)

    *prendre : je pr**is**, tu pr**is**, il pr**it*** (passé simple)
- Il peut s'agir aussi d'un **participe passé** en *-i* (*rire* → p.p. *ri*), en *-is* (*prendre* → p.p. *pris*) ou en *-it* (*cuire* → p.p. *cuit*). Pour repérer le *s* ou le *t* final, on met le participe passé au féminin.

  *pris / pri**se*** ; *cuit / cui**te***

  Attention aux marques d'accord qui peuvent s'ajouter à ces participes passés.

  *Les carottes sont cui**tes**.*

★ 1 Choisis l'orthographe qui convient.

1. Ses cheveux ont ❑ éclairci ❑ éclaircis ❑ éclaircit au soleil.
2. Cette peinture blanche ❑ éclairci ❑ éclaircie ❑ éclaircit la pièce.
3. L'affaire a enfin été ❑ éclairci ❑ éclaircie ❑ éclaircit.

SCORE .... /3

★★ 2 Écris les verbes entre parenthèses au passé simple ou au participe passé selon le cas, puis classe-les dans le tableau.

Le vieux marquis dit de sa voix un peu tremblante : « Oui, j'ai (subir) .... l'épouvante. Il est (permettre) .... de n'être pas brave devant les dangers imaginaires. Le manoir semblait abandonné depuis vingt ans. Au bruit que je (faire) ...., un vieil homme (sortir) .... Je l'écartai violemment et pénétrai dans la maison. Je (franchir) .... un grand vestibule. Je (voir) .... assez nettement une grande pièce en désordre. J'allai au secrétaire. Je m'(asseoir) .... dans un fauteuil, j'(abattre) .... la tablette, j'(ouvrir) .... le tiroir. Je crus sentir un frôlement. Si je n'avais pas (sentir) .... mon sabre à mon côté, je me serais (enfuir) .... »

D'après Guy de Maupassant, « Apparition », *Contes et nouvelles*, 1883.

Verbes au passé simple		Participes passés	
1re pers. du singulier	3e pers. du singulier	en *-i*	en *-is*
....	....	....	....
....	....	....	....

SCORE .... /22

COUP DE POUCE
Trois participes passés se terminent par -i.

Corrigés p. 11

TOTAL .... / 25

Chouette

4e

13-14 ANS

Le guide Français

Les corrigés des exercices
Tous les corrigés détaillés, avec des explications complémentaires

Des infos parents
Au centre du livret, des informations sur le programme et des conseils pour aider votre enfant dans son travail

Hatier

TEST (pages 4 et 5)

GRAMMAIRE

1. le • une • de la • des
2. elle • y • celui • le nôtre • personne • qui
3. trois : les appositions *Magnifique palais* et *riche musée*, le complément du nom *de Fontainebleau*
4. une seule : *Une sortie en mer est-elle bien raisonnable ?*
5. COS.
6. CC (complément circonstanciel)
7. C'est une subordonnée conjonctive COD.
8. CC de but

CONJUGAISON

9. résout • peint
10. levai • reviendrais
11. se sera éloignée
12. voie
13. Il semble indispensable de respecter les lois.

ORTHOGRAPHE

14. des pulls roses • des robes jaune fluo
15. cueilli (pas d'accord avec *en*) • cueillies
16. conclues (à l'indicatif présent : tu conclus)
17. s'est • sans
18. Quelle • qu'elle

VOCABULAIRE

19. radical : avou • préfixe : in • suffixe : able
20. son étymologie
21. voisins • contraires • différents
22. un oxymore (alliance de deux mots de sens contraire)

LECTURE ET EXPRESSION ÉCRITE

23. Je lui en parle.
24. par exemple : car, puisqu' (lien de cause)
25. Il disait qu'il n'avait pas le temps cette semaine mais qu'il en trouverait la semaine suivante.

1 Les déterminants

1 **1.** Erwan a mal à la tête.
→ Classe : article défini.
2. Les étudiants s'interrogent sur leur avenir.
→ Classe : déterminant possessif.
3. Cette atmosphère est irrespirable.
→ Classe : déterminant démonstratif.

2 Il avait mis ses affaires dans un sac : son pique-nique, sa serviette et ses baskets.
→ Ils avaient mis leurs affaires dans un sac : leur pique-nique, leur serviette et leurs baskets.

3 Flaminius sursauta : dix individus sortaient d'un buisson en poussant de grands cris. C'étaient des colosses armés de gourdins. Il se mit sur pied et se défendit comme il put, mais, malgré sa vigueur, il ne pouvait rien contre cette troupe. Plusieurs coups dans l'estomac lui coupèrent le souffle, d'autres sur la tête lui firent perdre connaissance.

Articles	
définis	**indéfinis**
l'(estomac) le (souffle) la (tête)	un (buisson) de (grands cris) des (colosses)

Déterminants			
possessifs	**démonstratifs**	**indéfinis**	**numéraux**
sa (vigueur)	cette (troupe)	plusieurs	dix

EXPLICATION
• Dans quelques cas, le déterminant n'est pas exprimé, en particulier dans les locutions verbales (*perdre connaissance*) ou dans certains compléments (*armés de gourdins*).
• Devant un nom pluriel précédé d'un adjectif, on emploie de préférence *de* à la place de *des* : *en poussant de grands cris*.

2 Les pronoms

1 **1.** Ces livres-ci m'appartiennent, mais ceux-là sont à toi. • **2.** J'ai rangé mes affaires, à toi de ranger les tiennes. • **3.** Après les résultats de l'examen, les uns sont tristes, les autres sont contents. • **4.** Je suis allé voir le film dont tu m'as parlé.

2 Le vieil homme respirait avec les plus grandes difficultés ; il avait dans la bouche un goût bizarre, ferreux et douceâtre qui l'effraya beaucoup sur le moment. Il se savait vaincu, définitivement et sans remède. La barque était bien légère maintenant, et le vieux n'avait plus ni sentiments ni pensées. Il était au-delà de tout ; il ne songeait plus qu'à ramener sa barque au port aussi bien que possible.
« On a le vent pour nous, en tout cas, pensa le vieux pêcheur. » Et quand celui-ci entra dans le petit port, comme personne n'était là pour l'aider, il rama aussi loin qu'il put.

Pronoms personnels	Pronoms démonstratifs
il (six fois) l'(effraya) se (savait) nous on (a le vent) l'(aider)	celui-ci

Pronoms relatifs	Pronoms indéfinis
qui	(au-delà de...) tout personne

3 Analyser un groupe nominal

1 **a.** Expansions du nom *bruit* : étrange, haché, monocorde, répétitif, qui semblait provenir du dehors.

EXPLICATION
Le GN *un bruit* est complété par quatre adjectifs épithètes (*étrange, haché, monocorde, répétitif*) et une proposition subordonnée relative complément du nom (*qui semblait provenir du dehors*).

b. Le pronom *toutes* remplace des centaines, des milliers de grenouilles.

2 **a.** Quant à la figure, ce n'était point cette beauté calme et sévère des sculpteurs grecs, qui donnaient à tous les traits une majestueuse immobilité. Tous les traits étaient contractés légèrement : les yeux un peu obliques, la bouche relevée des coins, les narines quelque peu gonflées. En vérité, plus on regardait cette admirable statue, et plus on éprouvait le sentiment pénible qu'une si merveilleuse beauté pût s'allier à l'absence de toute sensibilité.
b. *calme* et *sévère* : adjectifs qualificatifs épithètes
des sculpteurs grecs : GN complément du nom

EXPLICATION
Qui donnaient à tous les traits une majestueuse immobilité est une proposition subordonnée relative complément du GN *des sculpteurs grecs*.

4 Reconnaître une apposition

1 Ils quittèrent Paris en début d'après-midi dans une triste charrette, un simple char à bœufs. Les seuls rescapés de l'Illustre Théâtre, entassés sur une litière de foin, ballotaient au rythme de ces animaux étiques et sales.
Preuve de son humeur sombre, une ride profonde barrait le front de Jean-Baptiste Poquelin et deux plis d'amertume creusaient les coins de sa bouche. Tenace, il s'apprêtait à poursuivre la lutte autant d'années qu'il le faudrait.

2 **1.** Catastrophe naturelle, la canicule est une période de très forte chaleur.
2. Le drapeau tricolore, emblème de la France, est hissé sur les édifices publics.
3. Les Romains, qui avaient conquis la Gaule, parlaient le latin.
4. Molière, célèbre dramaturge, avait de l'ambition.

5 Analyser une phrase simple

1 La nuit fraîche et sereine s'étend sur le paysage immense.

2 Anna et Jérémy se sont levés tôt ce matin. Un grand voyage en famille se prépare. Leurs parents leur ont fait une annonce la veille. Ils partent tous pour une semaine au Québec. C'était une belle surprise ! Dans quelques heures, ils prendront le train pour Paris. Puis un avion les conduira sans escale jusqu'à Montréal.

3 **a.** [Suter s'est retiré dans son Ermitage.] Il a ramené ce qu'il a pu de ses troupeaux. [Malgré les événements, ses vignobles, ses vergers semblent bénis]. Il pourrait encore exploiter tout cela, car il y a dans la contrée disette de vivres, et la nuée des chercheurs d'or est plus d'une fois menacée de famine. [Mais Suter n'a plus le cœur à l'ouvrage.] [Ses employés les plus fidèles, ses hommes de confiance l'ont abandonné.] [Il n'y a plus de bras pour les cultures.] [Il n'y a pas un seul berger.] [Il laisse faire.] [Il ne fait rien.]

EXPLICATION
Dans la phrase *Il pourrait [...] famine*, il y a trois verbes et les propositions sont coordonnées entre elles par des conjonctions (*car, et*). L'ensemble forme une phrase complexe.

b. Voir ci-dessus, dans le texte de l'exercice **3**.

6 La construction d'un verbe

1 – On ne peut pas choisir son père avant sa naissance. Mais si j'avais pu, je t'aurais voulu toi.
– C'est vrai, Moustique ?
– Je peux le jurer. Et puis, je serai une bouche de moins à nourrir. Je te promets que je ne dirai plus de gros mots. Je cirerai tes chaussures, je soignerai les oiseaux. Je serai le meilleur élève de l'école. Je ferai tout très bien. À la maison, tout le monde serait fou de joie si on me donnait.

2 **1.** Une bouche de moins à nourrir est attribut du sujet je.
2. Le meilleur élève de l'école est attribut du sujet je.
3. Fou de joie est attribut du sujet tout le monde.

EXPLICATION
Lorsque l'attribut est un adjectif qualificatif ou un pronom, il s'accorde avec le sujet.

3 Voir ci-dessus, dans le texte de l'exercice 1.

4 Dans les rues tortueuses du quartier, les voitures roulent trop vite. Il est difficile de passer d'un trottoir à l'autre rapidement. Le danger est grand, tant pour les enfants que pour les adultes. Si un accident survient, tout le monde dira que cela devait arriver, mais personne ne fait rien pour l'éviter réellement.

7 Distinguer un COD d'un COI

1 **a. et b. 1.** Qui veut voyager loin, ménage sa monture. → COD
2. Qui vole un œuf, vole un bœuf. → deux COD
3. Méfiez-vous de l'eau qui dort. → COI

EXPLICATION
Dans les proverbes 1 et 2, le sujet est le pronom *qui* (= *celui qui*).

2 **a.** Dès que l'homme entra dans la barque, elle enfonça prodigieusement, écrasée par son poids ; une secousse la remonta ; et Julien commença à ramer. L'eau, plus noire que de l'encre, courait avec furie des deux côtés du bordage. Elle creusait des abîmes, elle faisait des montagnes, et la chaloupe sautait dessus. Julien penchait son corps, dépliait les bras. La grêle cinglait ses mains, la violence de l'air l'étouffait, il s'arrêta.
b. COI : à ramer. Verbe complété : commença.

EXPLICATION
Si tu supprimes les COD, les phrases ne sont plus correctes.

3 **1.** Une secousse remonta la barque.
2. La violence de l'air étouffait Julien.

EXPLICATION
Observe que le GN COD est à droite du verbe, alors que le pronom personnel COD était à gauche.

8 Distinguer un COI d'un COS

1 **1.** Répondras-tu à son invitation ? → COI.
2. Je le confie à sa grand-mère. → COS car *le* est COD.
3. Cette année, Nicolas renonce à partir en voyage. → COI.
4. Ma mère a prêté ses plus beaux bijoux à ma sœur. → COS car *ses plus beaux bijoux* est COD.
5. L'explorateur nous raconte son voyage. → COS car *son voyage* est COD.

2 **a.** La population scolaire n'était pas homogène. Il y avait les pensionnaires, les demi-pensionnaires et les externes, qui constituaient vraiment une espèce très différente de la nôtre. Ils arrivaient, dès le matin,

dans toute leur gloire. Ils avaient des billes plein les poches. À la récréation de dix heures, ils achetaient au concierge [des croissants roux et des croquants blonds qui coûtaient cinq sous la pièce...]
Un matin, Bernier me fit [un clin d'œil], et tira de sa poche un tube d'argent dont il dévissa le capuchon. Cet appareil s'appelait un « stylographe » ; son père [le] lui avait rapporté d'Angleterre. Il me montra [son fonctionnement]. Il ne réussit qu'à lancer un jet soudain d'encre indélébile sur son magnifique cahier neuf.

b. COI de *réussit*.

c. Le (Son) père avait rapporté d'Angleterre un stylographe à son fils (Bernier).

EXPLICATION
a. Attention, *plein les poches, de sa poche* et *sur son magnifique cahier neuf* ne sont pas des COS mais des compléments circonstanciels.
c. *Le* est le COD de *avait rapporté* et remplace *le stylographe* ou *cet appareil*. *Lui* est le COS et représente *le fils* que le narrateur nomme Bernier.

9 Les compléments circonstanciels

1 **1.** Ce matin, le trajet en bus a duré vingt-cinq minutes. • **2.** Pendant le repas, il s'est conduit avec beaucoup de tact. • **3.** Cet enfant pesait quatre kilos à la naissance. • **4.** Cette année, au collège, les cours se terminent à cinq heures. • **5.** Il se rend à Paris pour étudier.

EXPLICATION
On ne peut pas supprimer les autres groupes sans rendre la phrase incorrecte.

2

CC de temps	le 19 décembre 1737 – à dix-neuf heures – le samedi – le dimanche matin – à dix heures
CC de lieu	à York – dans l'océan Pacifique – entre les îles [...] du Chili – sur l'ensemble du territoire – dans l'île – dans le temple
CC de manière	à haute voix
CC de cause	en cette qualité
CC de but	pour légiférer – pour le dîner – pour la prière

10 Reconnaître une phrase complexe

1 **1.** Les oiseaux chantent. Le printemps est là.
→ Les oiseaux chantent car le printemps est là.
2. Le réveil sonne. Je me lève.
→ Le réveil sonne : je me lève.
3. Le chat est parti. Les souris dansent.
→ Quand le chat est parti, les souris dansent.

2 **1.** Lisa s'assit à sa table, prit du papier et une plume. • **2.** Plus d'une fois, elle commença une phrase puis déchira la feuille. • **3.** Le lendemain, aussitôt qu'elle aperçut Hermann par la fenêtre, elle ouvrit le vasistas. • **4.** Elle jeta la lettre dans la rue, comptant bien que le jeune homme ne la laisserait pas s'égarer. • **5.** En effet, Hermann la ramassa aussitôt et entra dans une boutique de confiseur pour la lire.

Phrase	Nombre de propositions	Mot ou signe reliant les propositions	Juxtaposition, coordination ou subordination ?
1.	2	une virgule	juxtaposition
2.	2	puis	coordination
3.	2	aussitôt qu'	subordination
4.	2	que	subordination
5.	2	et	coordination

EXPLICATION
Dans la phrase 3, la proposition subordonnée précède la proposition principale.

11 Les subordonnées relatives

1 **1.** Je me promène souvent dans cette rue dans laquelle j'ai passé mon enfance.
2. J'ai visité ce musée dont les tableaux sont remarquables.

2 **a.** Le jeudi suivant, de bon matin, le père de Bacaillé, accompagné de son fils, partit à la foire de Baume. Sur le devant de la voiture à laquelle on avait attelé Bichette, la vieille jument, ils s'installèrent sur une botte de paille disposée en travers ; en arrière, sur une litière fraîche, tout le corps dans un sac serré en coulisse autour de son cou, un petit veau de six semaines montrait sa tête étonnée. Le père Bacaillé,

qui l'avait vendu au boucher de Baume, profitait de l'occasion qu'offrait la foire pour le conduire à son acquéreur.
b. accompagné de son fils → qui était accompagné de son fils
2. de six semaines → qui avait six semaines

EXPLICATION
La proposition subordonnée relative englobe tous les mots qui ont du sens ensemble ; par exemple, dans la première relative, le GN *la vieille jument* définit *Bichette* ; il faut donc inclure ce GN dans la proposition subordonnée relative.

3 J'ai plusieurs copains : celui avec qui/avec lequel je m'entends le mieux est José ; Léo, que les autres n'apprécient pas trop, est très fort en maths ; Edgar, dont les parents sont acteurs, est très timide. Tous les trois sont vraiment des garçons sur qui/ sur lesquels on peut compter.

12 Les subordonnées complétives

1 Il fut décidé qu'on installerait là-haut, entre les travées de fer, de petites baraques pour nous, comme des nids qu'on ne verrait pas de la ville. Nous y dormions, nous y mangions, et le soir nous jouions aux cartes. Nous ne nous sentions plus des ouvriers mécaniciens, mais des héros, des saints. Peu à peu, nous prenions conscience que la construction de la tour Eiffel ne serait jamais terminée, maintenant nous nous expliquions pourquoi l'ingénieur avait exigé ce piédestal démesuré, ces quatre pattes de fer cyclopéennes qui semblaient absolument disproportionnées.

EXPLICATION
• La proposition *qu'on ne verrait pas de la ville* est une expansion du nom *nids* : ce n'est pas une complétive, mais une proposition subordonnée relative englobée dans la complétive qui commence par *qu'on installerait*...
• Même chose pour *qui semblaient absolument disproportionnées*, subordonnée relative, expansion du nom *pattes*.

2 **1.** Emma croit que tu penses encore à elle.
2. Je ne veux pas que tu viennes.
3. Je ne suis plus celui que tu as connu.

EXPLICATION
Dans la phrase 3, *ce que tu en penses* est une proposition subordonnée interrogative indirecte (question directe : *Qu'en penses-tu ?*).

3 **1.** Es-tu passé prendre le pain ?
→ *Je me demande* si tu es passé prendre le pain.
2. À quelle heure viendras-tu ?
→ *Je me demande* à quelle heure tu viendras.

13 La subordonnée de temps

1 Pendant qu'Octavien se livrait à ces réflexions, de belles jeunes filles se rendaient aux fontaines. Alors qu'il suivait le trottoir, Octavien se trouva face à face avec un beau jeune homme : « Je me nomme Rufus Holconius ; chaque fois que tu le voudras, je te servirai de guide dans cette ville inconnue pour toi ; allons vite au théâtre, avant que le spectacle ne commence. »

Simultanéité	pendant qu'Octavien se livrait à ses réflexions – alors qu'il suivait le trottoir – chaque fois que tu le voudras
Postériorité	avant que le spectacle ne commence

2 **1.** Simultanéité. ❑ Depuis que ☒ Pendant que je te parle, tu lèves les yeux au ciel.
2. Antériorité. ☒ Après que ❑ Avant que j'ai mangé, je retourne au travail.
3. Postériorité. ❑ Après que ☒ Avant que j'aie mangé, tu m'as rappelé.

3 **1.** Après que la pluie ☒ a cessé ❑ ait cessé, je suis sorti.
2. Avant que la terre ❑ n'a tremblé ☒ n'ait tremblé, le village vivait heureux.

EXPLICATION
Dans la phrase 2, l'expression de la postériorité entraîne l'emploi du subjonctif (*ait*).

14 Les autres subordonnées circonstancielles

1 Comme j'étais frêle et maladif, mes parents n'avaient pas voulu m'envoyer à l'école. Ma mère m'avait seulement appris à lire et à écrire... On avait si peur de mon père qu'à table, nous demandions du pain à voix basse et, pour qu'il n'ait aucune raison de s'énerver, nous ne pleurions pas devant lui. Aussi, dès son départ, ce n'était qu'un sanglot, d'un bout de la maison à l'autre... Mon frère Jacques avait de surcroît le don des larmes. Il pleurait comme on se mouche, plus souvent, voilà tout.

2 **1.** Mode : indicatif Valeur : cause.
2. Mode : indicatif Valeur : conséquence.
3. Mode : subjonctif Valeur : but.
4. Mode : indicatif Valeur : comparaison.

EXPLICATION
La subordonnée de conséquence *qu'à table, nous demandions du pain à voix basse* est annoncée par le mot *si* dans la principale (*si... que*).

3 **1.** Tu t'en vas. Rien ne t'intéresse. (*cause*) → Tu t'en vas parce que rien ne t'intéresse. • **2.** Il fait froid. Elle reste au coin du feu. (*conséquence*) → Il fait froid si bien qu'elle reste au coin du feu. **3.** Elle vernit son meuble. Il ne s'abîmera pas. (*but*) → Elle vernit son meuble pour qu'il ne s'abîme pas.

EXPLICATION
On peut utiliser d'autres conjonctions équivalentes : *parce que* = *puisque* ; *si bien que* = *de (telle) sorte que* ; *pour que* = *afin que*...

15 L'indicatif présent : cas particuliers

1 **1.** tendre – ~~atteindre~~ – attendre – apprendre – vendre : seul verbe en *-indre*, il perd le *d* du radical aux trois personnes du singulier du présent : *j'atteins*.
2. voir – apercevoir – ~~pouvoir~~ – devoir – recevoir : seul verbe qui prend la terminaison *-x* aux deux premières personnes du singulier du présent : *je peux*.

2 **a.** Mes yeux s'ajustent à la demi-obscurité. Tout d'un coup, je vois un foulard taché de rouge dont le coin est pincé dans un coffre. Je le prends, le secoue, le tords, le sens, le tire. Il m'intrigue. Une série de portraits de maman empilés les uns contre les autres apparaît. Je les mets en éventail contre le mur. Sombres, ils m'inquiètent. J'aperçois sur un des portraits une petite fille. Et je me souviens.
J'en ai assez de ma promenade... Je vais dans ma chambre... J'y retournerai... Là-haut, je peux réfléchir aux secrets de maman.

3 **1.** Comme vous ne faites et ne dites rien, je commence à m'inquiéter. • **2.** Quand sa sœur ouvre la porte de sa chambre, Noël éteint la lumière pour cacher ses trésors.

16 Reconnaître la valeur d'un présent

1 Présent d'énonciation : *êtes, semblez, se rapporte, êtes.*
Présent de narration : *sent, ouvre, laisse.*

2 **1.** Chaque jour, il passait par le chemin qui longe la falaise. → présent de vérité générale
2. Furieuse, Katia s'écria : « Ce n'est pas vrai ! je le sais ! » → présent d'énonciation dans des paroles rapportées directement
3. Le silence régnait dans les rues du village quand soudain un cri vient brusquement troubler cette paix. → présent de narration

17 L'indicatif passé simple

1 Un après-midi, je repensai au bas noir. Je l'entortillai dans une ficelle et coupai le bout du pied. Puis, à l'endroit du pied, j'attachai un long fil de cerf-volant. De loin, en tirant doucement, ça avait l'air d'un serpent. Le soir, j'attendis sans bouger près du portillon. Une femme arrivait. Je courus me cacher et expérimentai le maniement du serpent. Il obéit. Alors je me fis tout petit et je me mis à tirer le fil du serpent. Il glissa lentement au milieu de la rue. La femme poussa un grand cri.

2

Verbe au passé simple	Infinitif
tu plaças	placer
nous mangeâmes	manger

EXPLICATION
Les verbes en *-cer* et en *-ger* modifient leur orthographe au passé simple : le c de *placer* prend une cédille devant le *a* de la terminaison (*tu plaças, nous plaçâmes*) ; le *e* du radical de *manger* est maintenu devant le *a* de la terminaison (*il mangea, nous mangeâmes*).

3 **1.** erras – consacras – ~~vaincras~~ – pleuras : *vaincras* est le futur de *vaincre*, alors que les autres verbes sont au passé simple.
2. ~~obéit~~ – prit – mit – vit – partit : *obéit* est le seul verbe du 2e groupe, les autres sont du 3e groupe.

EXPLICATION
Le passé simple du verbe *vaincre* est : *je vainquis, tu vainquis, il vainquit, nous vainquîmes, vous vainquîtes, elles vainquirent.*

18 Employer le passé simple et l'imparfait

1 **1.** s'ouvrit → passé simple (action principale)
se déchaînait → imparfait (action secondaire)
2. prenais, rencontrais → imparfait (actions répétées : *chaque jour*).

2 Il était inutile d'aller plus loin : les girafes revenaient au galop. Je grimpai en haut des rochers. J'y trouvai, couchés sur le flanc, des lions, des boucs, des léopards… Deux longues cornes de feu s'avançaient très loin et déjà se refermaient presque. Et ce qui était pire, c'était que le vent tournait et que les flammes revenaient vers nous.

EXPLICATION
Le passé simple évoque les actions principales du récit : ici, les actions du narrateur (*grimpai, trouvai*) sont mises en avant.

3 **1.** Je me demandais si j' ❑ allai ☒ allais réussir. • **2.** Un instant j' ❑ hésitais ☒ hésitai puis je franchis le seuil de la maison. • **3.** Alors que je ❑ pensai ☒ pensais à lui, il entra.

19 Les temps composés de l'indicatif

1 M. Utterson se présenta à la porte du Dr Jekyll. Poole l'introduisit sur-le-champ. Il lui fit traverser les cuisines, puis une cour qui avait été jadis un jardin. Le docteur avait racheté la maison aux héritiers d'un chirurgien. Un escalier aboutissait à une porte qui s'ouvrait sur le cabinet du docteur. C'est là que s'était assis le Dr Jekyll, pâle à faire peur.
« Alors, dit M. Utterson, dès que Poole les eut laissés seuls, vous avez entendu la nouvelle ?
– Les vendeurs de journaux l'ont claironnée dans le square, dit-il… »

Verbe souligné	Temps de l'auxiliaire	Temps composé du verbe
avait été	avait = imparfait	plus-que-parfait
avait racheté	avait = imparfait	plus-que-parfait
s'était assis	était = imparfait	plus-que-parfait
eut laissés	eut = passé simple	passé antérieur
avez entendu	avez = présent	passé composé
ont claironnée	ont = présent	passé composé

EXPLICATION
• *Être* et *avoir* ont, comme tous les verbes, des temps composés constitués de l'auxiliaire *avoir* conjugué à un temps simple et du participe passé *eu* ou *été*. C'est, dans le texte, le cas de *avait été*.
• Les verbes pronominaux, comme *s'asseoir*, utilisent l'auxiliaire *être* pour former leurs temps composés : *s'était assis*.

2 **1.** Je m'en irai seulement quand tu seras arrivé.
2. Nous avons rempli nos poches de bonbons.
3. Le Dr Jekyll avait entendu la nouvelle.
4. Après que tu fus parti, la maison était triste.

20 Indicatif futur et conditionnel présent

1

Infinitif	Indicatif futur		Conditionnel présent	
	1re pers. sing.	3e pers. plur.	1re pers. sing.	3e pers. plur.
être	je serai	ils seront	je serais	ils seraient
crier	je crierai	ils crieront	je crierais	ils crieraient
finir	je finirai	ils finiront	je finirais	ils finiraient

2 Si Helen allait à l'école, elle aurait besoin d'une quantité de livres nouveaux et très peu de ces livres avaient été « traduits » en braille. C'est à Ann qu'en incomberait la tâche. Elle devrait soit recopier les livres en braille, soit les épeler peu à peu dans la main d'Helen. Dans les deux cas, il fallait qu'elle commençât par les lire ; or, la vue d'Ann, qui était déjà très mauvaise, s'était encore affaiblie ces derniers temps.
« J'essaierai de tenir le temps qu'il faudra », se dit Ann, qui ne pensait jamais à elle.

21 Le subjonctif présent

1

Infinitif	3e pers. du singulier	1re pers. du pluriel	3e pers. du pluriel
essayer	qu'il essaye/ qu'il essaie	que nous essayions	qu'ils essayent/ qu'ils essaient
prendre	qu'il prenne	que nous prenions	qu'ils prennent
obéir	qu'il obéisse	que nous obéissions	qu'ils obéissent

EXPLICATION
Les verbes en *-ayer* peuvent s'écrire avec y ou avec i devant un e muet. Aux 1re et 2e personnes du pluriel du subjonctif présent. Dans les verbes en *-yer*, il ne faut pas oublier le i : *que nous essayions*.

2 **1.** Le professeur ne veut pas que cet élève se sente exclu.
2. Appelle les urgences : il faut qu'un médecin intervienne au plus vite !
3. Si vous voulez rendre votre chat heureux, veillez à ce qu'il ne soit pas seul toute la journée.
4. Quoi que fassent ses enfants, elle leur pardonne toujours leurs bêtises.
5. Ma mère ne souhaite pas que nous ayons un chat à la maison.

3 **1.** Tu dis que tu ☒ parcours ❑ parcoures huit kilomètres en une heure.
2. Pour que je te ❑ crois ☒ croie, tu dois me donner des preuves.

EXPLICATION
Attention ! Ce n'est pas parce qu'un verbe est précédé de la conjonction *que* qu'il est obligatoirement au subjonctif.

22 Les verbes pronominaux

1 **1.** Les jours se sont écoulés lentement depuis ton départ. • **2.** Toi, Cédric, tu t'es jeté tête baissée dans la bagarre. • **3.** « Je me suis souvenue à temps de mon rendez-vous », pensa Julie. • **4.** Vous vous vous êtes préparés pour votre examen, tous les deux.

2 La pluie commença par n'être qu'une fine mousseline tiède pendant plusieurs jours. Puis, on put voir ses rayures. Enfin, elle tomba à blocs et elle ne s'arrêta plus de tomber. Les huttes s'effondraient. Il n'y avait d'abri nulle part. Les rochers les plus hauts de la colline ruisselaient d'eau noire. Les ouvriers de la milice en blouse et ceinturon de cuir s'occupaient du sauvetage général. On les voyait partout. Ils s'affairaient de tous les côtés avec une générosité inutile...

3 **1.** s'effondraient
2. s'affairaient

23 La phrase impersonnelle

1 **1.** ☒ Il a fallu partir plus tôt que d'habitude. • **2.** ❑ Il fait très bien son travail. • **3.** ☒ Il fait très froid ces jours-ci. • **4.** ☒ Il manque encore deux élèves. • **5.** ❑ Il manque très souvent à l'appel. • **6.** ☒ Il circule très peu de véhicules aujourd'hui. • **7.** ❑ Il circulait tous feux éteints. • **8.** ❑ Il n'arrive jamais à l'heure. • **9.** ☒ Il n'arrive jamais rien ici.

2 **1.** Il neige depuis ce matin. (VI) • **2.** Il ne reste que cinq kilomètres à parcourir. (PI) • **3.** Il faut prendre la bonne route. (VI) • **4.** Il fait un temps épouvantable pour la saison. (PI) • **5.** Il s'agit d'une affaire urgente. (VI) • **6.** Il vient peu de monde en ce moment. (PI) • **7.** Il existe des modèles d'occasion. (PI)

3 **1.** Que tu partes à l'étranger me semble indispensable.
→ Il est indispensable que tu partes à l'étranger.
2. Bien des tableaux manquent dans cette galerie.
→ Il manque bien des tableaux dans cette galerie.

3. Fumer dans les lieux publics est interdit.
→ Il est interdit de fumer dans les lieux publics.

24 Accorder un adjectif qualificatif

1 Je me retrouvai sur la grande place du Marché qui, à cette heure matinale, grouillait de gens allant faire peser du bois à la bascule publique. À droite, se dressait l'hôtel de ville avec sa façade dorée, dont les visages de marbre blanc contemplaient la place. À ma gauche, on apercevait la Nouvelle Église : sa tour, haute et étroite, me rappelait une volière en pierre.

2 1. Notre nouvelle voisine semble très gentille. • 2. Les enfants, je vous demande d'être très gentils avec votre grand-mère. • 3. Pauline, tu seras gentille de ne pas me déranger. • 4. À première vue, ces personnes paraissent gentilles, mais il n'en est rien.

3 1. L'araucaria est un conifère aux feuilles rectangulaires et vert foncé.
2. Nathan a gardé les yeux bleu clair qu'il avait à la naissance.
3. Au crépuscule, l'horizon se pare de reflets orangés.
4. Les uniformes sont bleu marine avec des liserés pourpres.

25 Accorder un verbe avec son sujet

1 1. L'avion que prenaient Marc et sa femme est en retard. • 2. À qui appartiennent ces bottes ? • 3. Une foule de touristes admire/admirent la tour Eiffel. • 4. Ni la force ni la douceur ne peuvent venir à bout de sa résistance.

2 Dominique et Françoise n'écoutèrent pas le Père Merlier. Ils pénétrèrent dans la salle du moulin où une dizaine de soldats attendait/attendaient en silence, les volets fermés, guettant par des fentes. D'autres soldats rentraient en rampant, quand l'ennemi les avait délogés de leurs cachettes. Dans le moulin régnaient silence et inquiétude.

EXPLICATION
Pour *une dizaine de soldats* l'accord se fait au singulier si on met l'accent sur le nombre (*une dizaine*), au pluriel si on met l'accent sur le complément au pluriel (*soldats*).

3 1. La multitude de fourmis / Une multitude de fourmis ont envahi le jardin. → Le nom « multitude » précédé de l'article défini entraîne un accord du verbe au singulier, ce qui n'est pas le cas pour *une multitude de…*
2. Mon père, ainsi que ma mère, / Mon père et ma mère est sorti. → Lorsqu'un nom/sujet est lié par *ainsi que*, et est entre deux virgules, l'accord se fait au singulier.
3. C'est lui qui / moi qui prend ce sac. → *prend* est à la 3e personne du singulier, il ne peut s'accorder qu'avec *lui*.

26 Accorder un participe passé

1 Encastré dans le mur, il y avait un énorme anneau de fer, auquel était enchaîné un squelette qui paraissait essayer de saisir un plat et une cruche à eau qui étaient placés juste hors de sa portée. La cruche avait évidemment été remplie d'eau jadis, car elle était recouverte à l'intérieur d'une moisissure verte. Il n'y avait rien sur le plat. Ils contemplaient, saisis d'étonnement, la tragédie terrible dont le secret leur était à présent révélé.

EXPLICATION
Le participe passé *enchaîné* s'accorde au masculin singulier avec le sujet inversé *un squelette* ; *placés* s'accorde au pluriel avec le GN sujet *un plat* et *une cruche à eau* ; *remplie* s'accorde au féminin singulier avec le GN *la cruche*, et *recouverte* avec *elle* qui reprend *la cruche* ; *révélé* s'accorde avec *le secret*.

2 1. Virginia s'est ☐ agenouillé ☒ agenouillée pour ramasser des coquillages.
2. Ils se sont ☒ écrit ☐ écrits des lettres pendant les vacances.
3. Jeanne et Serge se sont ☐ penché ☒ penchés à la fenêtre du wagon pour saluer leurs amis.

EXPLICATION
Dans la phrase 2, le pronom réfléchi *se* n'est pas COD (= Ils ont écrit *à eux*) et le COD *des lettres* est placé après le verbe : le participe *écrit* ne s'accorde donc pas.

3 **1.** Elles photographient ❑ les oiseaux ☒ le tableau ❑ la lampe qu'elles ont remarqué.
2. Il veut rencontrer ❑ les chanteuses ☒ les acteurs ❑ la pianiste qu'il a vus à la télévision.
3. Les promeneurs découvrent ☒ des odeurs ❑ des parfums ❑ une atmosphère qu'ils n'avaient jamais remarquées.

EXPLICATION
- *Remarqué* est un participe passé au masculin singulier, donc seul le GN *le tableau* peut commander cet accord.
- *Vus* est un participe passé au masculin pluriel, donc seul le GN *les acteurs* peut commander cet accord.
- *Remarquées* est un participe passé au féminin pluriel, donc seul le GN *des odeurs* peut commander cet accord.

27 Les formes verbales en *-i*

1 **1.** Ses cheveux ont ☒ éclairci ❑ éclaircis ❑ éclaircit au soleil. • **2.** Cette peinture blanche ❑ éclairci ❑ éclaircie ☒ éclaircit la pièce. • **3.** L'affaire a enfin été ❑ éclairci ☒ éclaircie ❑ éclaircit.

2 Le vieux marquis dit de sa voix un peu tremblante : « Oui, j'ai subi l'épouvante. Il est permis de n'être pas brave devant les dangers imaginaires. Le manoir semblait abandonné depuis vingt ans. Au bruit que je fis, un vieil homme sortit. Je l'écartai violemment et pénétrai dans la maison. Je franchis un grand vestibule. Je vis assez nettement une grande pièce en désordre. J'allai au secrétaire. Je m'assis dans un fauteuil, j'abattis la tablette, j'ouvris le tiroir. Je crus sentir un frôlement. Si je n'avais pas senti mon sabre à mon côté, je me serais enfui. »

Verbes au passé simple		Participes passés	
1re pers. du singulier	3e pers. du singulier	en *-i*	en *-is*
fis ; franchis ; vis ; m'assis ; abattis ; ouvris	sortit	subi ; senti ; enfui	permis

28 Les formes verbales en *-u*

1 Ogul, dès le premier jour, fut tout essoufflé et crut qu'il mourrait de fatigue. Le second, il fut moins fatigué et put mieux dormir. En huit jours, il recouvra toute la force, la santé, la légèreté et la gaieté qu'il avait connues dans ses plus brillantes années. « Vous avez vu ? Vous avez seulement joué au ballon et vous avez résolu d'être sobre, lui dit Zadig. Apprenez qu'on se porte toujours bien avec de la sobriété et de l'exercice.

2 **1.** ~~mourus~~ – bus – pus – vécus – courus : seul verbe dont le participe passé ne se termine pas par *-u* (*mort*).
2. englues – ~~eues~~ – remues – habitues : seul participe passé de la liste.

3 Est-ce qu'Éric s'habitue à sa nouvelle maison ? Il n'en a voulu aucune autre, pourtant il en a vu beaucoup avant celle-ci. On cherche les clés de son ancien appartement : il ne sait plus s'il les a rendues au propriétaire ou non ! Ne les aurais-tu pas aperçues quelque part ? Espérons qu'elles ne soient pas irrémédiablement perdues ! Il a pu les faire tomber n'importe où, ce qui exclut de pouvoir les retrouver.

29 Les adverbes en *-ment*

1 **1.** brièvement → bref
2. légèrement → léger
3. gentiment → gentil
4. évidemment → évident
5. calomnieusement → calomnieux
6. innocemment → innocent
7. violemment → violent
8. continûment → continu

2 **1.** différent → différemment
2. brillant → brillamment
3. gentil → gentiment
4. heureux → heureusement
5. joli → joliment
6. fort → fortement
7. grand → grandement
8. constant → constamment

3 La porte s'ouvrit et se referma. [Jérôme] était parti. Alors me redressant vivement, je me mis à appeler mère Barberin. Elle accourut près de mon lit :
— Est-ce que tu me laisseras aller à l'hospice ?
— Non, mon petit Rémi, non.
Et elle m'embrassa tendrement en me serrant dans ses bras. Cette caresse me rendit le courage, et mes larmes s'arrêtèrent de couler.
— Tu ne dormais donc pas ? me demanda-t-elle doucement.

30 Distinguer *c'est* et *s'est*

1 La servante s'est écriée : ça brûle ! On s'est dépêché de ramasser nos affaires. On s'est sauvé avec ce qu'on avait sur le dos. C'est tout ce qu'on a pu emporter. Tout le reste est perdu. Tout à coup, on s'est aperçu que Katia n'était plus là.
« Mais où est-elle restée ? demanda Pierre.
— Aniska, va, montre-lui où c'est », cria-t-elle à la servante.
La petite domestique prit par le sentier.
« C'est ici, tout près dit-elle. Celle-là ! C'est là que nous demeurions. »

EXPLICATION
Dans la phrase « *montre lui où c'est* », c'est n'est suivi d'aucun mot car il appartient à une interrogative indirecte. La question directe serait « où est-ce ? ».

2 **1.** « C'est fini ! », s'est-il écrié. • **2.** C'est bien à cet endroit que la voiture s'est arrêtée. • **3.** Il s'est regardé dans le miroir et a dit : « C'est parfait ! » • **4.** Il fait assez beau, c'est-à-dire qu'il ne pleut pas ! • **5.** On s'est dit au revoir, mais c'est pour mieux se retrouver dans quelques jours.

3 Aujourd'hui, ~~s'est~~ c'est la rentrée ! Noé s'est levé de bonne heure, il ~~c'est~~ s'est habillé puis il s'est rendu dans la cuisine pour prendre son petit-déjeuner. Les tartines beurrées avec un peu de miel, ~~s'est~~ c'est vraiment délicieux ! Noé s'est ensuite demandé quel vêtement il devait mettre pour sortir : il ~~c'est~~ s'est décidé pour un imperméable car c'est bientôt l'automne et le temps peut être capricieux. Il est sorti et ~~c'est~~ s'est engouffré dans le bus. ~~S'est~~ C'est parti pour une belle journée avec les copains !

31 Distinguer *si* et *s'y*, *sans* et *s'en*

1 **1.** ☒ Si ❑ S'y son travail est ☒ si ❑ s'y pénible, c'est parce qu'il ❑ si ☒ s'y prend mal.
2. Maya ne sait plus ☒ si ❑ s'y c'est le jour ou la nuit, il fait ☒ si ❑ s'y noir dans cette pièce !
3. Ce nouvel appartement, Luc ne ❑ si ☒ s'y habituera jamais.
4. On l'entendait ☒ si ❑ s'y mal, c'était comme ☒ si ❑ s'y sa voix s'était éteinte.
5. Le technicien a réparé mon ordinateur ☒ si ❑ s'y rapidement ! Il ❑ si ☒ s'y connaît vraiment.

2 ***Sans* ou *s'en* ? Coche la forme qui convient.**
1. « Ayant vécu ☒ sans ❑ s'en joie, il vieillit ☒ sans ❑ s'en remords » (Heredia)
2. « À vaincre ☒ sans ❑ s'en péril, on triomphe ☒ sans ❑ s'en gloire. » (Corneille)
3. « Vienne la nuit sonne l'heure / Les jours ❑ sans ☒ s'en vont je demeure » (Apollinaire)
4. « Que serais-je ☒ sans ❑ s'en toi, qui vins à ma rencontre ? » (Aragon)
5. « La terre ❑ sans ☒ s'en émeut, l'air en est infecté. » (Racine)

3 **1.** Si tu le veux, on s'en ira de bonne heure. • **2.** Ils s'en retournent chez eux sans aucun regret. • **3.** Au Japon, Adrian s'y est tellement plu qu'il y serait resté si cela avait été possible. • **4.** Même si on s'en va, on est sûr de revenir. • **5.** Ta réussite, ton père s'en réjouit sans réserve. • **6.** Au théâtre, Axel et Margot s'y rendront sans leurs amis qui n'ont pas pu venir.

32 Distinguer *quand*, *quant* et *qu'en*

1 **1.** Je crois qu'en ce qui te concerne tout est réglé.
2. Tu achètes les fruits. Quant au pain, je m'en occupe.
3. Quand un nouveau film sort sur les écrans, les files s'allongent devant les cinémas.
4. Tu n'es pas sur la première marche du podium, mais c'est bien quand même.
5. Quand bien même il neigerait, nous sortirions nous promener.
6. J'aimerais te faire découvrir un nouveau restaurant. Qu'en dis-tu ?

EXPLICATION
1. *En* peut être remplacé par *pour* = préposition
2. *Quant* peut être remplacé par *en ce qui concerne...*
3. *Quand* peut être remplacé par *lorsque.*
4. La locution *quand même = tout de même.*
5. La locution *quand bien même = même si.*
6. *En* peut être remplacé par *de cela.*

2 Saviez-vous qu'en hiver, quand vient le froid, les hirondelles quittent l'Europe pour gagner la savane africaine ? Elles reviennent au printemps, quand il fait plus chaud et qu'elles peuvent à nouveau trouver de la nourriture. Autrefois, on pensait qu'elles s'enfouissaient dans les marais pour attendre le retour de la belle saison. Alors qu'en fait, elles partaient pour un voyage de près de 10 000 km à travers le globe. Les hirondelles rustiques sont les plus courantes en France : quand vient le mois d'avril, elles font leurs nids sous les toits. Quant aux hirondelles de rivage, elles sont beaucoup plus rares et vivent près des lacs et des étangs.

3 J'irai faire mes devoirs à cinq heures quand j'aurai goûté. Quant à toi, fais ce que tu veux. On se retrouvera quand j'aurai fini. Qu'en penses-tu ?

33 Distinguer *quel(s)*, *quelle(s)* et *qu'elle(s)*

1 **1.** Je te demande ❑ quel ☒ quelle est la bonne direction.
2. ☒ Quel ❑ Quels temps fera-t-il demain ?
3. On dit ❑ quelle ☒ qu'elle est une femme d'esprit.
4. La punition ❑ quelle ☒ qu'elle a reçue est bien méritée.

2 **1.** À quelle page vous êtes-vous arrêtés ?
2. Je ne pense pas qu'elle puisse venir ce soir.
3. Quel étourdi ! J'ai oublié à quel endroit j'avais garé ma voiture.
4. Ces fleurs sont si fragiles qu'elles fanent dès qu'on les cueille.
5. L'artisan ne sait plus quelles portes il doit repeindre.

3 La vieille femme était en réalité une méchante sorcière qui attirait les enfants dans la maison en pain d'épices qu'elle avait construite. Et dès qu'elle réussissait à s'emparer de l'un d'eux, elle le faisait rôtir et le mangeait. Quelle fête c'était pour elle ! Aussitôt qu'elle avait vu s'approcher Jeannot et Margot, elle avait ricané de plaisir et s'était dit : « Quel délicieux festin je vais faire là ! »

34 Les mots comportant la lettre *h*

1 hérisson – harmonie – (...)armure – (...)armistice – hasard – (...)altitude – hiver – (...)illusion – hilarité – hôte – houx – humeur.

Noms ne commençant pas par la lettre *h*	Noms commençant par la lettre *h*	
	h « aspiré »	*h* « muet »
armure, armistice, altitude, illusion	hérisson, hasard, houx	harmonie, hiver, hilarité, hôte, humeur

2 **1.** Médecin spécialiste des maladies mentales : psychiatre.
2. Appareil qui permet de se parler à distance : téléphone.
3. Art de composer des ballets : chorégraphie.
4. Instrument servant à mesurer le temps : chronomètre.

3 *(La pendule)* L'horloge fit entendre douze coups. Dans la salle d'attente de *(l'oculiste)* l'ophtalmologiste/l'ophtalmologue, un enfant regardait un livre sur les *(chevaux des mers)* hippocampes.

35 La formation d'un mot (1)

1 **a.** ex/porter – ap/prendre – a/mener – pro/jeter – sub/merger – dis/culper – im/poser – dis/suader
b. com- → comporter, comprendre
re- → reporter, reprendre
per- → persuader

EXPLICATION
Le préfixe *con-* devient *com-* quand le radical commence par *b*, *m* ou *p*.

2 **a.** La marée basse laissait à dé/couvert des oursins, des méduses ; et les enfants couraient, pour saisir les flocons d'écume que le vent em/portait. Les flots endormis se dé/roulaient le long de la grève. Le principal divertissement était le retour des barques. Dès qu'elles avaient dé/passé les balises, leurs voiles de/scendaient aux deux tiers des mâts. Ensuite le bateau se plaçait contre le quai. Des femmes s'élançaient pour em/brasser leurs hommes.
b. recouvert, remportait, reportait, repassé, redescendraient, rebrasser.

3 importer → exporter • plaire → déplaire • obéir → désobéir • brancher → débrancher

36 La formation d'un mot (2)

1 **1.** *(-oir* ou *-oire)* : bavoir – bouilloire – entonnoir – promenoir – arrosoir – armoire – passoire – rasoir.
2. *(-té* ou *-tée)* : propreté – netteté – dictée – solidité – pelletée.

2 **1.** particulière – ~~fière~~ – rancunière – grossière : seul adjectif dont le masculin et le féminin ont la même prononciation (*fier/fière*).
2. éditeur – ~~acheteur~~ – auditeur – cultivateur – adorateur : seul nom différent au féminin (*acheteuse*).

3 acclam/ation – acharne/ment – aim/able – antiqu/aire – antiqu/ité – argument/ation – class/eur – félicit/ation – cap/able – gribouill/is – heur/eux – popul/aire – port/able – val/able – val/eur

4 Les lames de fond soulevaient des tonnes de sable dans un vacarme *épouvantable*. C'étaient des *détonations* de bombes, des *craquements*. Tout volait par-dessus la petite troupe : maisons, meubles, toits, portes et fenêtres, animaux, cocotiers. À peine une minute ou deux de *tranquillité*. Le charivari *furieux* reprit plus fort avec ses masses liquides et *verticales* qui se fracassaient en grosses vagues glacées.

EXPLICATION
Attention à l'accord de l'adjectif en *-al* : *verticales* au féminin pluriel (mais *verticaux* au masculin pluriel).

37 Chercher l'étymologie d'un mot

1 Stade. *n. m.* (1530 ; *estade*, 1265 ; fém. jusqu'au XVIIe; gr. *stadion*) Mesure...
Pelouse. *n. f.* (1660 ; « monticule », 1611 ; de l'adj. *pelous* « poilu » (XIIIe) ; lat. *pilosus* « couvert de poils »). Terrain couvert d'une herbe courte et serrée...
Jambe. *n. f.* (1080 ; gr. *kampê*). *Anat.* Partie de chacun des membres inférieurs de l'homme...
Coude. *n. m.* (XIVe; *code*, XIIIe; *keute*, XIIe; lat. *cubitus*). 1° Partie extérieure du bras...

EXPLICATION
Les indications du dictionnaire te permettent de comprendre l'évolution des mots : *stade*, par exemple, était d'abord un mot grec, les Romains l'ont emprunté et adapté à leur langue, puis arrivé dans nos régions, ce mot a peu à peu évolué pour devenir celui que nous employons.

2 **1.** Certaines stars n'apprécient pas les paparazzi qui les traquent. **2.** J'ai un excellent scénario pour mon prochain film. **3.** Les spaghetti s'accomodent bien de sauce tomate.

3 Ils croisèrent quelques gosses, appuyés à la barrière du stade, qui contemplaient des joueurs de football groupés à une extrémité de la pelouse.
« Bon. Tu prendras ton départ agenouillé. Dommage que nous n'ayons pas de starting-block. »
Il assura tout de suite sa foulée... Le balancement des bras s'accordait au rythme des jambes, les coudes frôlant les jambes...

EXPLICATION
Tu peux aussi repérer le mot *rythme*, issu du grec. Le mot *football* est issu de la langue anglaise, alors que *handball*, par exemple, est un mot d'origine allemande.

INFOS PARENTS

© Phovoir

Quel est le programme de français en 4e ? • Comment se déroulent les cours ? • Quels types de travaux le professeur propose-t-il ? • Comment pouvez-vous aider votre enfant à la maison ?

Voici les questions auxquelles ce supplément « Infos parents » tente de vous apporter des réponses claires.

Quel est le programme de français en 4e ?

Le programme de français pour la classe de 4e a changé à la rentrée 2016. Il est intégré désormais au programme du cycle 4, un cycle d'enseignement qui s'étend de la 5e à la 3e. Il a fait l'objet de quelques ajustements pour la rentrée 2018.

Quatre domaines

Lecture, écriture, langage oral

Permettre à l'élève de développer une pensée autonome, reposant sur un usage correct et précis de la langue française, tel est l'objectif général du cycle 4 en français. Le programme est organisé autour **d'activités de lecture et d'écriture diversifiées**, en lien avec des thèmes de culture littéraire et artistique (voir ci-dessous). Plus qu'autrefois, ce programme met également **l'accent sur le langage oral**. Les élèves apprennent à écouter des interventions, à faire une présentation orale, à interagir dans un débat.

L'étude de la langue

Prépondérantes, ces activités de lecture, d'écriture et d'oral sont complétées par des activités en **grammaire,** en **orthographe** et dans le **domaine du lexique** qui permettent de comprendre le fonctionnement de la langue française et d'en acquérir les règles.

Connaissances et compétences

Dans chacun de ces domaines, le programme met en avant les compétences attendues à la fin du cycle, donc en fin de 3e.

Les connaissances listées servent à construire ces compétences.

Voici, par exemple, les compétences exigibles **dans le domaine de la lecture** :

- Lire des œuvres littéraires, fréquenter des œuvres d'art.
- Élaborer une interprétation de textes littéraires.
- Lire des images, des documents composites (y compris numériques) et des textes non littéraires.

Et dans celui de l'expression écrite :

- Utiliser l'écrit pour penser et pour apprendre.
- Adopter des stratégies et des procédures d'écriture efficaces.
- Exploiter des lectures pour enrichir son écrit.

Une approche interdisciplinaire

Le français et les autres disciplines

Le travail en français permet de nombreux croisements entre les disciplines :

- le professeur de français veille tout particulièrement à ménager des rapprochements avec **le latin et le grec**, tant sur le plan culturel que sur le plan linguistique ;
- il puise aussi dans les thématiques d'**histoire des arts** pour élaborer des projets ;

• les ressources du numérique sont intégrées au travail ordinaire de la classe, de même que la réflexion sur leurs usages ;
• enfin, l'enseignement du français contribue fortement à la **formation civique et morale** des élèves en développant l'esprit critique et la capacité à argumenter.

Les EPI

Ces liens entre les disciplines sont pleinement exploités dans le cadre des EPI (**enseignements pratiques interdisciplinaires**), où l'enseignant de français, en collaboration avec d'autres professeurs, fait travailler les élèves sur des projets concrets au croisement de deux disciplines ou plus.

Quelle est la part consacrée à la lecture en 4e ? Comment aider votre enfant s'il n'aime pas lire ?

En lien avec le programme de culture littéraire et artistique, l'enseignant de français propose, trois à quatre fois dans l'année, d'étudier une œuvre littéraire en texte intégral.

Les thèmes de culture littéraire et artistique en 4e

En 4e, le programme de français s'articule autour de **cinq thèmes de culture littéraire et artistique**, associé chacun à des indications de « corpus ».

Dire l'amour
• Des poèmes d'amour, de l'Antiquité à nos jours • Une œuvre narrative ou théâtrale présentant l'analyse du sentiment amoureux
Individu et société : confrontation de valeurs ?
• Une tragédie ou tragicomédie du XVIIe siècle • Des extraits de romans ou des nouvelles mettant en scène cette confrontation
La fiction pour interroger le réel
• Un roman ou une nouvelle réaliste (et, si possible, l'adaptation cinématographique ou télévisuelle) • Une nouvelle fantastique
Informer, s'informer, déformer
• Textes et documents issus de la presse et des médias (journaux, revues, enregistrements radio ou télévisés, médias numériques)
La ville, lieu de tous les possibles ?
• Un roman (notamment roman policier ou d'anticipation) offrant une représentation contrastée du milieu urbain • Des poèmes sur le thème de la ville

Cinq à six livres par an

En lien avec ce programme, votre enfant va étudier environ trois œuvres littéraires en texte intégral. Son enseignant lui demandera également de lire, individuellement, des ouvrages de son choix. Au total, il devra lire **cinq à six livres** au cours de l'année scolaire, **en plus des extraits** – réunis en groupements de textes – qui sont étudiés en classe.

Comment aider votre enfant à lire les livres étudiés en classe ?

Lire l'œuvre en parallèle

La meilleure façon de procéder, si vous en avez le temps, consiste à lire également de votre côté l'œuvre étudiée en classe et à **trouver des moments pour en discuter avec votre enfant**. Cette lecture en parallèle vous permettra par ailleurs de l'aider plus efficacement à préparer un contrôle de lecture ou une explication de texte.

L'inciter à lire de manière régulière

Il paraît important de proposer, par ailleurs, **d'autres occasions de lecture, hors contexte scolaire**. Voici quelques idées :
• inscrivez votre enfant à la bibliothèque-médiathèque la plus proche de chez vous et incitez-le à y emprunter régulièrement des livres (y compris BD et mangas !) ;
• si l'occasion se présente, entrez dans une librairie ou arrêtez-vous au rayon « livres » de votre grande surface et laissez-le choisir librement le sujet qui l'intéresse ou la couverture qui l'attire ;
• si le cas se produit, allez voir ensemble le film adapté d'un roman puis proposez-lui de lire le livre.

Quelle place est accordée à l'étude de la langue en 4e ? Comment aider votre enfant à améliorer son orthographe ?

Même si les activités de lecture, d'écriture et de langage oral sont prépondérantes en 4e, les enseignants de français consacrent encore de nombreuses heures à l'étude de la langue. Les élèves ont en effet besoin de consolider leur maîtrise du français.

La place de l'étude de la langue

Au cours de chacune des périodes qui structurent son enseignement, le professeur de français consacre environ **un tiers des séances** à l'étude de la langue. En fonction des objectifs définis, il reprend des notions précises de grammaire, d'orthographe ou de vocabulaire et les travaille avec des exercices « contextualisés » (à partir des textes étudiés) puis « décontextualisés » (à partir de la règle).

Cependant, il faut garder à l'esprit que la langue française est très riche et que tous ses aspects ne peuvent être abordés en même temps. Il faut donc **accepter des faiblesses passagères** dans les écrits de votre enfant, avant que les points concernés n'aient été traités en classe.

Comment aider votre enfant à apprendre une leçon de grammaire ?

En premier lieu, incitez-le à revenir sur la leçon **le jour même** où elle a été vue en classe. Même si votre enfant a compris les explications du professeur, il a besoin de reprendre le contenu, peu de temps après, pour bien l'assimiler, pour le faire sien.

Demandez-lui d'expliquer ce qu'il a compris, avec ses propres mots. Puis parcourez la leçon avec lui pour contrôler ce premier exposé, en l'aidant à relever les phrases clés. Une fois qu'il a la leçon bien en tête, faites-lui refaire **les mêmes exercices** que ceux proposés en classe (processus de manipulation) puis laissez-le faire **les exercices nouveaux** donnés par l'enseignant (processus de transfert).

Et l'orthographe ?

Un système complexe

L'orthographe est un système complexe dont l'apprentissage est forcément long. Les trois années du cycle 4 ne sont pas de trop pour parvenir à maîtriser les règles essentielles ; d'autant plus que certaines structures cérébrales nécessaires pour en assimiler toutes les subtilités ne sont acquises qu'aux alentours de 12-13 ans.

Quelques conseils

Pour aider un enfant qui a des difficultés en orthographe, voici quelques conseils :

- tout en restant vigilant, **évitez de « faire un blocage » sur la question de l'orthographe** et de tout lui rapporter : un élève n'est pas « mauvais » en français uniquement parce qu'il a des problèmes d'orthographe ;
- ne multipliez pas les dictées nouvelles ; il vaut beaucoup mieux reprendre les dictées travaillées en classe pour aider l'enfant à bien intégrer les règles, le lexique déjà vus ;
- dans le cas d'une erreur d'orthographe grammaticale, faites-lui retrouver **la règle** et expliquer comment elle s'applique dans le contexte ;
- travaillez **l'orthographe lexicale d'une manière visuelle ou auditive** selon l'enfant. Un enfant à tendance visuelle peut recopier le mot en prononçant les lettres. Un enfant à tendance auditive a besoin d'épeler les mots, les yeux fermés, puis de les écrire pour associer le son et la manière de l'écrire.

Quels types de travaux d'écriture sont proposés ? Comment aider votre enfant à rédiger ?

L'écriture d'un texte est un exercice très complet, qui met en jeu à la fois la réflexion, l'imagination et la maîtrise des outils de la langue. C'est également un exercice difficile. Comment apporter une aide à votre enfant dans ce domaine ?

Les différents types d'écrit

En classe de 4e, toutes sortes de travaux de rédaction peuvent être proposés : résumé de texte, compte rendu d'une visite, suite de récit, écriture d'une lettre (réelle ou fictive) ou d'une scène de théâtre, construction d'une argumentation, etc. Ces travaux sont **le plus souvent effectués en classe** ; certains, cependant, peuvent prendre la forme de devoirs à faire ou à terminer à la maison. C'est surtout dans ce cas que votre enfant sera amené à solliciter votre aide.

Discuter ensemble, lui donner accès au monde extérieur

La pensée se nourrit d'expériences vécues, de réflexions, de lectures. Les **discussions familiales** constituent à cet égard les moments les plus riches de cette pensée en action.

Par ailleurs, la 4e correspond à un âge où l'adolescent s'intéresse de plus en plus au monde extérieur. Pour **favoriser cette ouverture au monde**, journaux et débats télévisés sont de bons supports. N'hésitez pas également à lui conseiller un magazine ou un site d'informations adaptés à son âge, ou à sélectionner, dans la presse que vous lisez, des articles qui peuvent le concerner.

L'aider à comprendre la consigne

Il est nécessaire d'aider votre enfant à s'approprier la consigne d'un exercice d'écriture en lui demandant **comment il se représente la tâche à accomplir**. Il s'agit de le mettre « en projet » et de lui permettre de comprendre ce qu'on attend exactement de lui.

Travailler dans le temps et l'échange

Un travail écrit gagne en qualité quand il est repris plusieurs fois, à quelques jours ou – à défaut – à quelques heures d'intervalle. Progressivement, il s'agit pour votre enfant d'apprendre :

- à **relire sa production avec du recul** et à en améliorer le contenu ;
- à **isoler des « erreurs fines »**, telles que les fautes de construction, les répétitions, les tournures familières, etc. ;
- à **repérer des fautes d'orthographe** grammaticale (par exemple, à l'aide d'une grille personnalisée, constituée à partir des erreurs le plus souvent relevées sur ses copies).

Comment utiliser le cahier Chouette *Français 4e* ?

Conçu par des enseignants expérimentés, ce cahier propose un entraînement méthodique permettant à votre enfant de progresser en français. Ses différentes unités correspondent aux connaissances à acquérir en 4e, notamment dans le domaine de la langue.

La structure des unités de révision

Chaque unité de révision – présentée le plus souvent sur une seule page – comprend **un rappel de cours suivi d'exercices d'application**. La leçon a parfois été scindée en deux pour une meilleure progressivité. En marge des exercices sont proposés des coups de pouce et des conseils.

L'ordre des unités de révision

Le sommaire du cahier suit un ordre thématique, qui ne correspond pas forcément aux besoins de votre enfant. Ne vous obligez donc pas à travailler les unités dans l'ordre, n'hésitez pas à **cibler celles** qui correspondent à des leçons vues en classe ou à des difficultés récurrentes de votre enfant.

38 Définir le champ sémantique d'un mot

1 **a.** Champ sémantique du mot roitelet : 1° « roi sans importance » ; 2° « oiseau ».
b. Les phrases entre guillemets sont des citations d'auteur qui donnent des exemples d'utilisation du mot.
c. *n. m.* : nom masculin.

2 **1.** → pavillon **2.** → timbre

3 **1.** Croissant • **a.** Viennoiserie en forme de croissant • **b.** Partie visible de la lune à de certaines périodes.
2. Tableau • **a.** peinture • **b.** panneau mural
3. Opération • **a.** Intervention chirurgicale • **b.** Calcul (addition, soustraction, etc.).

EXPLICATION
Chacun de ces mots peut avoir encore d'autres sens :
- tableau → *le tableau de bord, le tableau d'honneur, jouer sur tous les tableaux*, etc. ;
- opération → *opération militaire, opération commerciale, opération du Saint-Esprit*.

39 Synonymes et antonymes

1 **1.** Ton frère a dû être *vexé* de ne pas être dans la confidence. → froissé • **2.** Ton *adresse* pour grimper dans les arbres est connue ! → agilité • **3.** Cet enfant est d'un caractère *farceur*. → espiègle.

2 **1.** Cette eau, très pure, est *transparente*. → trouble • **2.** Au début du spectacle, les acteurs gardent tous la tête *baissée*. → levée • **3.** La porte, brutalement, s'est *ouverte* ! → fermée.

3 **a.** De nouveaux compagnons s'échappent des pages de mes premiers livres, il leur arrive beaucoup d'aventures en tout genre, c'est très excitant, à côté le football me paraît fade. Un lundi matin, à l'école, mon père, qui est aussi mon instituteur, nous demande de raconter notre dimanche. Je trempe mon porte-plume dans l'encrier, les mots m'appellent et me tirent par la manche, ma main tremble…
b. maître, professeur, enseignant.

4

	Synonymes	Antonymes
beau	joli	laid
obscurité	nuit, ombre	clarté, lumière
aimer	apprécier	haïr, détester

40 Homophones et paronymes

1 hauteur → auteur ; mite → mythe ; cane → canne
1. Les mythes de l'antiquité grecque sont captivants.
2. Mon grand-père a oublié sa canne dans le train.
3. Victor Hugo est l'auteur de *Notre-Dame de Paris*.

2 Sens du mot *aire* : surface, étendue ; ici, il s'agit d'une *aire* d'autoroute. Homophones : air, ère, erre.
1. Ce matin, en arrivant, il avait un drôle d'air.
2. Cela s'est produit à l'ère glaciaire.
3. Marcel erre sans but dans les rues désertes.

3
1. Sans le vouloir, il a été induit en erreur.
Les peintres doivent enduire le mur avant de le laquer.
2. Tu lui as infligé une sérieuse punition.
Je suis très affligé par la disparition de ce grand homme.
3. Un grave accident a eu lieu en plein centre-ville.
Un incident diplomatique peut être lourd de conséquences.

EXPLICATION
Souvent, entre deux paronymes, seule une lettre change : *induire* et *enduire*, *poisson* et *poison*, *coussin* et *cousin* ou *dessert* et *désert* !

41 Comparaison et métaphore

1 **1.** beau comme un dieu/un astre
2. sale comme un pou/un cochon
3. rouge comme une tomate/une pivoine
4. rusé comme un renard

2 **a.** Quenu était gras, trop gras pour ses trente ans. Il débordait dans sa chemise, dans son tablier, dans ses linges blancs qui l'emmaillotaient comme un énorme poupon. Sa face rasée s'était allongée, avait pris à la longue une lointaine ressemblance avec le groin de ces cochons, de cette viande, où ses mains s'enfonçaient et vivaient, la journée entière.
b. « Comme » et « ressemblance avec ».
c. **1.** Quenu est comparé à un énorme poupon. • **2.** Sa face est comparée au groin d'un cochon.

3 Le Bracelet Élastique est un serpent qui se mord la queue. Il ne mue pas, il s'use. D'abord il se décolore, se craquelle en plusieurs endroits, blanchit comme des phalanges de poing serré. Sa rupture survient peu après. Il casse. Ses extrémités s'éloignent. Il s'allonge, s'étale, s'avachit. C'est un ver sans ressort. On regrette d'avoir tant exigé de lui.

EXPLICATION
L'expression *il ne mue pas* prolonge la métaphore du serpent.

42 D'autres figures de style

1 **a.** Une forêt pour toi, c'est un monde hideux
Là se penchent rêveurs les vieux pins, les grands ormes
Dont les rameaux tordus font cent coudes difformes
Le cresson boit ; l'eau court ; les frênes sur les pentes,
Sous la broussaille horrible et les ronces grimpantes,
Contractent lentement leurs pieds noueux et noirs
Ô végétation ! esprit ! matière ! force !
Couverte de peau rude ou de vivante écorce !
J'ai senti, moi qu'échauffe une secrète flamme,
Comme moi palpiter et vivre avec une âme,
Et rire, et se parler dans l'ombre à demi-voix
Les chênes monstrueux qui remplissent les bois.
b. Au vers 7 : « Ô végétation ! esprit ! matière ! force ! »

2 **1.** La messagère du printemps : l'hirondelle • **2.** Le roi des animaux : le lion • **3.** La plus noble conquête de l'homme : le cheval • **4.** Le septième art : le cinéma.

43 Définir une situation d'énonciation

1 **1.** Qui parle à qui ? Bougras s'adresse à une personne dont on ne connaît pas l'identité précise.
2. Non, il n'y a pas d'indication à ce sujet.
3. La situation d'énonciation est ☐ bien définie ☒ peu définie dans cet extrait.

EXPLICATION
Un dialogue est toujours ancré dans la situation d'énonciation.

2 **a.** Aujourd'hui, maman est morte. Ou peut-être hier, je ne sais pas. J'ai reçu un télégramme de l'asile : « Mère décédée. Enterrement demain. Sentiments distingués. » Cela ne veut rien dire. C'était peut-être hier. Je prendrai l'autobus à deux heures et j'arriverai dans l'après-midi. Ainsi, je pourrai veiller et je rentrerai demain soir.
b. Les verbes sont conjugués au présent et au futur de l'indicatif.

EXPLICATION
Le temps de base de cet énoncé ancré dans la situation d'énonciation est le présent ; le futur est utilisé pour évoquer des événements postérieurs au moment de l'énonciation (*prendrai, arriverai, pourrai, rentrerai*).

3 Un dimanche de mars 1639, dans l'antichambre de maître Gassendi, Baptiste fit la connaissance d'un drôle de paroissien. Sa vue lui donna un haut-le-cœur. Il ne savait s'il devait éclater de rire ou prendre la poudre d'escampette. L'inconnu était un jeune homme dont le crâne en pain de sucre était déjà presque entièrement chauve. Il avait les sourcils si noirs et si fournis que ses yeux disparaissaient dessous. Son nez était le plus long, le plus large, le plus recourbé du monde. Ce bourrelet de chair jaunâtre, couturé de cicatrices pourpres, qui lui pendait jusqu'à la bouche, évoquait irrésistiblement le bec d'un perroquet monstrueux.
1. Au passé simple et à l'imparfait.
2. À la 3e personne.
3. Non.

EXPLICATION
Il s'agit d'un énoncé coupé de la situation d'énonciation : les verbes sont au passé, à la 3e personne, et le récit ne fournit aucun indice sur la situation d'énonciation.

4 **1.** L'énoncé fait référence à la situation d'énonciation. C'est un dialogue.
2. L'énoncé fait référence à la situation d'énonciation. Le texte est un journal intime, sous forme de lettres fictives.

5 Cher Marc,
Le temps est orageux ce soir.
Je ne peux m'empêcher de penser à ce jour de l'an passé où nous avons eu si peur dans la campagne ! Tu te souviens de ce moment où la foudre est tombée tout près de nous ? Nous avons eu l'impression de devenir sourds. Nous avons tremblé comme des feuilles et nous nous sommes mis à courir à travers champs à

perdre haleine ! Arrivés trempés mais sains et saufs à la ferme, nous avons mis du temps à reprendre nos esprits. Depuis, les orages me font peur. Pas toi ? J'espère te revoir bientôt, sous le soleil cette fois !

44 Les procédés de reprise

1 **1.** Je m'en approche.
2. Ils prennent les leurs.
3. Cela les passionne.
4. Je lui parle de lui.

2 **1.** ce luxe inépuisable
2. la sienne (pronom possessif)
3. les carnassiers
4. à manger de l'homme

3 **1.** Yann est heureux de recevoir *sa paye* avant les vacances. → son salaire
2. Salomé a déjà fait le tour *de la planète* plusieurs fois. → du monde
3. Tout *travail* mérite salaire. → toute peine
4. Daniel habite dans *une magnifique demeure*.
→ un palais

4 **1.** carottes, poireaux, navets, pommes de terre : légumes. • **2.** poule, canard, poulet, oie, dinde : volaille. • **3.** robe, pantalon, pull, chaussette : vêtements. • **4.** table, chaise, buffet, commode, lit : meubles, mobilier.

EXPLICATION
Le mot générique est moins précis qu'un mot spécifique.

5 **1.** Nous avons visité plusieurs fois la capitale de la France. → Paris
2. L'auteur de *Notre-Dame de Paris* est né en 1802.
→ Victor Hugo
3. L'animal à longue trompe est chassé pour l'ivoire de ses défenses. → l'éléphant
4. La pièce dans laquelle on prépare les repas est immense. → la cuisine

EXPLICATION
La périphrase peut apporter des informations supplémentaires, positives ou négatives.

6 **1.** Leur trop grand nombre provoque des embouteillages.
2. Le transport en TGV est plus rapide que celui en voiture.
3. Les questions du journaliste l'étonnent.

45 Les connecteurs

1 **1.** Ici, on aperçoit des canards ; là-bas, on entend des cochons. • **2.** C'est simple : d'abord tu tournes à droite, ensuite tu vas tout droit. • **3.** Avant, cette zone était un terrain vague ; maintenant, c'est un quartier résidentiel. • **4.** Ce matin, je vais travailler ; cet après-midi, je suis libre.

2 **1.** La circulation est intense sur l'autoroute car tout le monde part en vacances. → Cause.
2. Il va, il vient, il court, il monte, il descend ; en un mot, il s'agite bien inutilement. → Reformulation.
3. Il fait un temps épouvantable, tu ne viendras donc pas me voir. → Conséquence.
4. Tu as bien réussi cet exercice, mais tu n'as pas vraiment compris la leçon. → Opposition.
5. Les oiseaux chantent si fort au printemps qu'ils me réveillent. → Conséquence.

3 « Eh bien, monsieur, lui dit [Mme de Marelle] brusquement, vous voulez donc tâter du journalisme ? » Alors il parla de ses projets, en termes vagues, puis recommença avec elle la conversation qu'il venait d'avoir avec Mme Walter ; mais, comme il possédait mieux son sujet, il s'y montra supérieur, répétant comme de lui des choses qu'il venait d'entendre. Et sans cesse il regardait dans les yeux de sa voisine, comme pour donner à ce qu'il disait un sens profond. Elle lui raconta à son tour des anecdotes ; et, devenant familière, elle posait la main sur son bras, baissait la voix pour dire des riens.
Mais tout à coup, sans raison, elle appela : « Laurine ! » et la petite fille s'en vint.

EXPLICATION
Remarque que la conjonction de coordination *et* a d'abord une valeur temporelle (= *et puis*), puis exprime la conséquence (*et la petite fille s'en vit*).

4 « Chaque jour, nous voyons dans les journaux que l'on ne brave point impunément les lois humaines. Tantôt, c'est le crime horrible d'un fou qui égorge l'un de ses semblables, pour s'approprier le contenu d'un portefeuille ; d'autres fois, c'est un homme alerte, qui, muni d'une grande prudence et d'outils spéciaux, ouvre illégalement la serrure d'un coffre-fort [...] ; enfin, c'est un caissier qui a perdu l'argent de son patron en l'engageant à tort sur le résultat futur d'une course chevaline. [...] Tous ces malheureux sont donc arrêtés et traînés par les gendarmes aux pieds de leurs juges. »

5 **1.** → c. **2.** → e. **3.** → a. **4.** → f. **5.** → b. **6.** → d.

46 Distinguer différents types de texte

1 **1.** ❑ narratif ☒ descriptif ❑ explicatif ❑ argumentatif
2. ❑ narratif ❑ descriptif ☒ explicatif ❑ argumentatif
3. ☒ narratif ❑ descriptif ❑ explicatif ❑ argumentatif
4. ❑ narratif ❑ descriptif ❑ explicatif ☒ argumentatif

2 **1.** La tour Eiffel est un monument effrayant et sans grâce qui défigure Paris.
2. Le monument est décrit comme « une tour de fer de trois cents mètres » qui propose aux spectateurs une « image affreuse et fantastique ». C'est un « monstre », un « cauchemar », une « pointe de fonte épouvantable », une « entreprise diabolique ».
3. L'auteur oppose les « imbéciles » aux « pauvres gens naïfs qui ont conservé le goût de l'architecture artiste, de la ligne et des proportions », ceux qui apprécient le « beau », le « gracieux », l'« élégant », ceux pour qui « le mot *art* signifie quelque chose ».

47 Insérer un dialogue dans un récit

1 Un peu plus loin, Claudius aperçut une jeune fille. Elle s'avançait lentement vers lui. Elle était brune, élancée, le visage rond et charmant. Elle devait avoir à peu près le même âge que lui...
[« Eh bien, dit-elle, j'ai l'impression que je suis arrivée à temps ! Je sais que les brigands sont nombreux dans ces bois. C'est pour cela que les voyageurs évitent en général cette route.
Et c'est pour cela que, toi, précisément, tu la choisis ? demanda Claudius qui reprenait ses esprits.
Oh ! pour moi, c'est plus court. Je connais bien la région et puis j'ai ma fronde pour me défendre. Avançons et nous parlerons. »]
Claudius ramassa son bâton sans rien dire. Au bout d'un moment, il reprit la parole : « [Comment t'appelles-tu ?
Gaia, répondit la jeune fille. Et toi ?
Claudius... »]

EXPLICATION
Les verbes introducteurs peuvent occuper trois places différentes : avant les paroles (*il reprit la parole*), dont ils sont alors séparés par un deux-points et des guillemets ; au milieu des paroles, en incise (*dit-elle*) ; après les paroles, avec inversion du sujet (*demanda Claudius* ; *répondit la jeune fille*).

2 À la nuit tombante, Claudius arriva, guidé par un esclave, à la villa où logeait l'ami de son père. Aussitôt qu'il fut annoncé, l'ami de son père le reçut avec une très grande cordialité. Claudius remarqua qu'il y avait du monde comme dans une ruche bourdonnante.
Le maître lui offrit une coupe de vin et lui déclara que l'on ne dînerait qu'après la cérémonie.

3 Le maître dit à Claudius : « On ne dînera qu'après la cérémonie. »

4 **1.** « Comment t'appelles-tu ? » demanda l'institutrice à l'enfant. → L'institutrice demanda à l'enfant comment il s'appelait.
2. « J'irai me promener avec vous demain », promit Laurène à ses enfants.
→ Elle promit à ses enfants qu'elle irait se promener avec eux le lendemain.
3. « Arrête-toi ici ! » ordonna le maître à son chien.
→ Il ordonna à son chien de s'arrêter à cet endroit-là.
4. « Ce film, je l'ai vu hier », annonça joyeusement Esther. → Elle annonça qu'elle l'avait vu la veille.

EXPLICATION
- L'inversion du sujet disparaît, ainsi que le point d'interrogation et d'exclamation.
- Les adverbes de temps (*aujourd'hui, hier, demain*...) et de lieu (*ici, là*...) se modifient si les paroles sont rapportées indirectement (*le jour même, la veille, le lendemain*...).

5 1. Le boucher disait qu'on lui avait volé un poulet.
→ Le boucher disait : « On m'a volé un poulet ! »
2. Pierre dit à son fils de se laver les mains avant chaque repas.
→ Pierre dit à son fils : « Lave-toi les mains avant chaque repas ! »
3. Tout le monde demandait à Julien s'il prendrait un avocat.
→ Tout le monde lui demandait : « Prendrez-vous/ Prendras-tu un avocat ? »
4. Le patron ordonna à ses ouvriers de finir leur travail avant de quitter l'atelier.
→ Le patron ordonna à ses ouvriers : « Finissez votre travail avant de quitter l'atelier ! »
5. Sophie a formellement interdit à sa fille de sortir seule.
→ Sophie a dit à sa fille : « Je t'interdis formellement de sortir seule. »

48 Répondre en justifiant son point de vue

1 ☐ 1. Cet enfant est très petit pour son âge. • ☐ 2. Mon frère est un grand champion de natation. • ☒ 3. La connaissance est le chemin le plus sûr pour parvenir à la liberté. • ☐ 4. Je vois tous les jours cet homme se promener dans le parc. • ☒ 5. Je pense qu'il vaut mieux une tête bien pleine que bien faite. • ☐ 6. Mes parents aiment aller au cinéma. • ☒ 7. La violence n'est jamais tolérable. • ☒ 8. Rabelais disait que le rire est le propre de l'homme. • ☐ 9. Mes amis aiment beaucoup rire.

2

Noms abstraits	Noms concrets
la peur – la joie – l'égalité – l'amitié – la liberté – la réflexion	la télévision – le film – le jour – les copains – les vêtements – les chaussures – la mode – le bruit – la musique – la peinture

3 1. J'affirme que l'école prépare à la vie.
2. Je crois que nous ne sommes pas trop jeunes pour penser à l'avenir.
3. Je veux que règnent sur la terre paix et fraternité.

EXPLICATION
Le choix est contraint par le pronom élidé, le temps des verbes et le sens des phrases.

4 ☒ a. La lecture ouvre l'esprit et permet de mieux comprendre le monde.
☐ b. Quand on lit un roman, on entre dans la vie des personnages. Parfois on s'identifie à l'un d'eux, on partage ses sentiments, ses pensées. On échappe le temps de la lecture à sa propre vie.
☐ c. Dans beaucoup de familles, les parents lisent le soir une histoire à leurs jeunes enfants. Les mots entendus ainsi enrichissent le vocabulaire de l'enfant, lui permettant d'avoir un accès plus large au monde qui l'entoure.
☒ d. La lecture nourrit l'imagination et permet de s'évader.
argument a → exemple c
argument d → exemple b

5 (1) Le monde d'aujourd'hui peut rendre pessimiste. Dans les médias, il n'est souvent question que de guerres, de catastrophes naturelles, de crise économique… Les savants, eux, nous alertent sur les dangers que court notre planète, notamment en raison du réchauffement climatique.
(2) Dans un tel contexte, on pourrait se laisser envahir par le découragement : heureusement, il y a encore de la place pour le rêve et l'espoir.
(3) En premier lieu, il y a toutes ces formes d'évasion que nous proposent, par exemple, la musique, le cinéma ou encore un bon roman. Quand je suis plongé dans un récit fantastique, je suis transporté dans un monde extraordinaire et oublie celui qui m'entoure. Il en est de même quand, casque sur les oreilles, j'écoute mes chansons préférées.
(4) Mais on peut également trouver des raisons de rêver dans la réalité. Ainsi, certains hommes ou femmes – célèbres ou anonymes – nous donnent des exemples d'engagement et de solidarité qui nous font croire en la possibilité d'un monde meilleur.
Je pense par exemple à Nelson Mandela.

49 Comparer des images

1 a.

Éléments comparés	Tableau 1	Tableau 2
date (des tableaux)	1801	1801
la pose de Bonaparte	assis sur un cheval cabré, une main levée	assis sur un cheval cabré, une main levée
ses vêtements	cape et pantalon ocre	cape rouge, pantalon clair
son cheval	blanc	marron
le ciel	nuageux	très sombre, ciel de neige
le sol	terre, sauf quelques traces de neige sous les sabots du cheval	paysage entièrement recouvert de neige
les personnages de l'arrière-plan	peu visibles	se détachent plus nettement

b. Bonaparte a une attitude beaucoup plus triomphale sur le tableau n° 2 : sa cape rouge, son cheval marron se détachent sur le paysage de neige. Il se dégage du deuxième portrait une impression de force conquérante.

2 a. ❑ oui ☒ non

b. ❑ Il meurt au combat. ☒ Il meurt en exil. ❑ Il passe le pouvoir à son fils.

3 1. Pourquoi l'homme qui marche à côté du cheval tient-il un pieu ? Pour ne pas glisser dans la neige sur les chemins de montagne.

2. Pourquoi a-t-il la main droite sur le cou du cheval ? Il guide et encourage le cheval dans une ascension difficile.

3. Le cheval avance-t-il avec facilité ? Non, le cheval a l'air de peiner et d'avancer au pas dans la neige.

4. La pose de Bonaparte est celle ❑ d'un conquérant ☒ d'un homme ordinaire.

5. Les couleurs sont-elles éclatantes ? Non.

EXPLICATION
Les tons dominants sont le brun et le gris. Une impression de tristesse et de froid se dégage de l'ensemble.

4 Voici une proposition de corrigé : Les trois tableaux représentent Bonaparte assis sur un cheval dans un paysage de montagne, au même moment de sa vie. Le tableau de 1848 semble plus réaliste parce que le cheval marche avec peine et que Bonaparte n'est pas présenté comme un conquérant, mais comme un homme ordinaire. À une époque où la France connaît une grande incertitude politique, il est important de ne pas idéaliser le passé et de faire face aux réalités présentes. On peut considérer que le but de Paul Delaroche est de montrer Bonaparte sous un jour nouveau, de représenter l'homme, et non l'empereur, en donnant à voir ses faiblesses.

Des livres à conseiller à votre enfant

INFOS PARENTS

▸ Vous souhaitez aider votre enfant à choisir un livre mais vous hésitez, craignant de « mal faire ». En effet, votre enfant doit lire, mais quoi ?

▸ Nous vous proposons ici une liste variée de récits appartenant au genre narratif, à la littérature policière, à la littérature de l'imaginaire ou encore à la bande dessinée et au roman graphique.

Pour explorer différents genres de récits

1. Des romans animaliers

Croc-Blanc de **Jack London**, 1906

© Hatier, 2018

Dans le Grand Nord sauvage et glacé, un jeune loup apprend à lutter pour rester en vie. Un récit d'aventure captivant et une fable sur un monde où la sauvagerie des hommes dépasse parfois celle des animaux.

Les Fourmis de **Bernard Werber**, 1991
(en version abrégée, Le Livre de poche jeunesse, 2013)

Lorsqu'il entre dans la cave de la maison léguée par un vieil oncle entomologiste, Jonathan Wells est loin de se douter qu'il va à la rencontre d'un monde parallèle, monstrueux et fascinant… celui des fourmis. Un thriller scientifique dont les fourmis sont les héros.

2. Des récits de fantasy et de science-fiction

Harry Potter de **J. K. Rowling**, 1997-2007 (7 tomes)

Un jeune apprenti sorcier, Harry Potter, de l'école de sorcellerie Poudlard, est entraîné dans une lutte sans merci contre le mystérieux et terrifiant Lord Voldemort, qui cherche à prendre le pouvoir sur le monde des sorciers.

Ravage de **René Barjavel**, 1943

En 2052, la société est mécanisée à l'extrême : les hommes ne font plus rien sans être assistés par des machines. Mais, subitement, une panne d'électricité vient tout paralyser. Paris étant gagné par la violence, François Deschamps, un jeune étudiant en chimie, décide de quitter la ville. Son objectif : fonder avec ses amis une nouvelle société où les hommes ne seraient plus esclaves des machines.

Les androïdes rêvent-ils de moutons électriques ? de **Philip K. Dick**, 1968

© Éditions J'ai lu, 2014

Dans un futur apocalyptique où seuls les pauvres et quelques marginaux n'ont pas émigré sur Mars, Rick Deckard est chasseur de prime : il démasque les androïdes qui vivent illégalement parmi les humains. Apprenant qu'une forte récompense est proposée à ceux qui supprimeront les androïdes de la dernière génération, il décide de relever le défi…

3. Des romans policiers

Le Crime de l'Orient-Express d'**Agatha Christie**, 1934

© Le Livre de poche, 2017

Après avoir résolu une affaire en Syrie, le détective privé Hercule Poirot est appelé à rejoindre Londres d'urgence. Après une nuit agitée à bord de l'Orient-Express, il découvre à son réveil que le train est bloqué par la neige en rase campagne, et que l'Américain Ratchett, du compartiment voisin, a été tué de douze coups de couteau. Une enquête délicate commence pour le détective.

Les Quatre Fleuves de **Fred Vargas** et **Edmond Baudoin**, 2000

Toujours campé sur ses rollers, le jeune Grégoire Braban s'adonne au vol à la tire avec son ami Vincent. Ce jour-là, à Saint-Michel, ils arrachent la sacoche d'un vieux. Trente mille balles : le gros lot ! Mais la sacoche est lourde de bien autre chose. Une nouvelle enquête du commissaire Adamsberg sous la forme d'un roman graphique.

4. Des récits historiques

L'Allée du Roi de **Françoise Chandernagor**, 1981

Dans cette autobiographie fictive, la narratrice est Mme de Maintenon qui raconte sa vie. On apprend ainsi comment, née dans une prison de Niort et après avoir passé son enfance aux Antilles, Françoise d'Aubigné devient la favorite du Roi-Soleil, puis son épouse secrète. Ce récit très documenté permet de s'immerger dans le siècle de Louis XIV.

5. Des récits autobiographiques

La Promesse de l'aube de **Romain Gary**, 1960

Romain Gary nous raconte son enfance et sa jeunesse auprès de sa mère, ancienne actrice russe portée par une foi inconditionnelle en son fils. Tandis qu'elle déploie une énergie extravagante pour qu'il connaisse un destin grandiose, Romain est prêt à tout pour faire coïncider sa vie « avec le rêve naïf de celle qu'il aime », et devient effectivement un héros de guerre et un écrivain. Un récit plein d'humour et de tendresse.

Persepolis de **Marjane Satrapi**, 2000-2003

© Marjane Satrapi & L'Associaton, 2000-2003

Dans cette bande dessinée autobiographique, l'auteure retrace son histoire et celle de l'Iran, depuis son enfance vécue à Téhéran, pendant la révolution islamique, jusqu'à son départ en Europe en 1994. À travers son regard acéré et plein d'humour, nous découvrons de l'intérieur son pays et les événements clés qu'il traverse au cours de ces années.

Pour découvrir des classiques du genre romanesque

1. Des romans réalistes

Le Colonel Chabert d'**Honoré de Balzac**, 1844

© Hatier, 2012

Le colonel Chabert, ancien membre de la garde impériale de Napoléon, rentre à Paris dix ans après la bataille d'Eylau au cours de laquelle il a été déclaré mort. Pourtant bien en vie, il veut récupérer ses biens et sa femme qui s'est remariée et ne veut pas perdre le rang et la fortune que ce second mariage lui a permis d'avoir. Parviendront-ils à se mettre d'accord ?

Les Misérables de **Victor Hugo**, 1862 (en version abrégée, Hatier, « Classiques et Cie Collège », 2012)

© Hatier, 2012

Le roman raconte la vie de Jean Valjean, de sa sortie du bagne jusqu'à sa mort, cherchant à racheter son passé en faisant le bien. Autour de lui, nombre de personnages illustrent la misère d'une époque : les Thénardier, Cosette, Gavroche et bien d'autres. Mais un homme le traque et semble croire que le bagnard ne s'est pas amélioré : l'inspecteur Javert…

Au Bonheur des Dames d'**Émile Zola**, 1883 (en version abrégée, Hatier, « Classiques et Cie Collège », 2013)

Ce roman est un document sur la naissance des grands magasins, mais c'est aussi un roman d'amour. Denise Baudu, venue à Paris pour travailler, se fait embaucher au Bonheur des Dames où elle découvre un univers cruel et mesquin. Elle y fait aussi la connaissance du séduisant directeur du magasin, Monsieur Mouret…

2. Des récits fantastiques

Le Horla de **Guy de Maupassant**, 1887

Un être mystérieux, venu d'ailleurs, semble contrôler chaque jour un peu plus la vie du narrateur. Celui qui raconte cette expérience est-il fou ou non ? On hésite tout au long de ce texte, présenté sous la forme d'un journal intime.

Dracula de **Bram Stoker**, 1897 (en version abrégée, Hatier, « Classiques et Cie Collège », 2013)

Qui est le comte Dracula ? Un monstre sans cœur ? Quels sont ses pouvoirs maléfiques ? Sa cruauté légendaire pourra-t-elle être enfin neutralisée par Jonathan Harker ? Terreur et mystère sont au rendez-vous dans ce texte fantastique.

La Métamorphose de **Franz Kafka**, 1915

© Gallimard, 2015

Un matin, Gregor Samsa se réveille transformé en un monstrueux insecte. Le voilà contraint de dévoiler sa nouvelle apparence à sa famille, ainsi qu'à son employeur. Tous sont saisis d'horreur et ne comprennent pas que Gregor pense encore comme un humain.
La cohabitation sera-t-elle possible ?

Notes

Notes

Notes

ORTHOGRAPHE

28 Les formes verbales en *-u*

Quelles sont les différentes formes verbales en *-u* ?

- Il peut s'agir d'un **verbe conjugué** qui prend les terminaisons :
  - ***-ue, -ues, -uent***, dans le cas d'un verbe du 1er groupe en *-uer* conjugué au présent ;
    continuer : *je contin**ue**, tu contin**ues**, elle contin**ue**, ils contin**uent***
  - ***-us, -ut***, pour certains verbes du 3e groupe conjugués au présent ou au passé simple.
    conclure : *je concl**us**, tu concl**us**, il concl**ut*** (présent ou passé simple)
    courir : *je cour**us**, tu cour**us**, il cour**ut*** (passé simple)
- Il peut s'agir aussi d'un **participe passé** en *-u*.
  pouvoir → ***pu*** ; *vouloir* → *vol**u***
  Attention aux marques d'accord qui peuvent s'ajouter à ces participes passés.
  Note enfin que les participes passés des verbes *devoir*, *mouvoir* et *croître* prennent un accent circonflexe au masculin singulier : ***dû, mû, crû*** (mais *due, mue, crue*...)

★ 1 Complète ce texte avec les formes verbales en *-u* qui conviennent.

Zadig, le sage, oblige le seigneur Ogul à faire de l'exercice.

Ogul, dès le premier jour, fut tout essoufflé et cr........ qu'il mourrait de fatigue. Le second, il f........ moins fatigué et p........ mieux dormir. En huit jours il recouvra toute la force, la santé, la légèreté et la gaieté qu'il avait conn........ dans ses plus brillantes années. « Vous avez v........ ? Vous avez seulement joué au ballon et vous avez résol........ d'être sobre, lui dit Zadig. Apprenez qu'on se porte toujours bien avec de la sobriété et de l'exercice. »

D'après Voltaire, *Zadig*, 1747.

SCORE ..../7

★ 2 Barre l'intrus parmi ces formes verbales. Justifie ton choix.

1. mourus – bus – pus – vécus – courus : ....

2. englues – eues – remues – habitues : ....

SCORE ..../4

★★ 3 Complète, si nécessaire, les formes verbales en *-u*.

Est-ce qu'Éric s'habitu........ à sa nouvelle maison ? Il n'en a voulu........ aucune autre, pourtant il en a vu........ beaucoup avant celle-ci. On cherche les clés de son ancien appartement : il ne sait plus s'il les a rendu........ au propriétaire ou non ! Ne les aurais-tu pas aperçu........ quelque part ? Espérons qu'elles ne soient pas irrémédiablement perdu........ ! Il a pu........ les faire tomber n'importe où, ce qui exclu........ de pouvoir les retrouver.

SCORE ..../8

COUP DE POUCE
Tu dois identifier deux verbes conjugués et six participes passés.

Corrigés p. 11

TOTAL ..../ 19

ORTHOGRAPHE

29 Les adverbes en *-ment*

Comment faut-il écrire un adverbe en *-ment* ?

- En général on ajoute le **suffixe *-ment*** à **l'adjectif féminin singulier.**

  *joyeuse → joyeu**sement***

  Attention ! Si l'adjectif se termine par une voyelle autre que *-e* (*-ai*, *-é*, *-i*, *-u*), on ajoute le suffixe *-ment* à l'adjectif **masculin**.

  *absolu → abso**lument*** (exception : *gai → gaiement ou gaîment*)

- Lorsque l'adverbe est formé sur un adjectif terminé par *-ant* ou *-ent* :
  – il se termine par ***-amment***, si l'adjectif est en ***-ant*** ;

  savant** → sav**amment ; *bruy**ant** → bruy**amment***

  – il se termine par ***-emment***, si l'adjectif est en ***-ent***.

  *pati**ent** → pati**emment*** ; *prud**ent** → prud**emment***

- Quelques adverbes en *-ment* n'obéissent pas à ces règles.
  Tu peux retenir les plus courants : *brièvement, grièvement, gentiment...*

★ 1 Sur quel adjectif est formé chacun de ces adverbes ?

1. brièvement → ....
2. légèrerent → ....
3. gentiment → ....
4. évidemment → ....
5. calomnieusement → ....
6. innocemment → ....
7. violemment → ....
8. continûment → ....

SCORE ..../8

★★ 2 Forme les adverbes en *-ment* correspondant à ces adjectifs.

1. différent → ....
2. brillant → ....
3. gentil → ....
4. heureux → ....
5. joli → ....
6. fort → ....
7. grand → ....
8. constant → ....

SCORE ..../8

★★ 3 Complète le texte avec des adverbes formés sur : vif – tendre – doux.

Orphelin, Rémi a été recueilli par mère Barberin. Mais Jérôme, son mari, ne veut plus de lui.

La porte s'ouvrit et se referma. [Jérôme] était parti. Alors me redressant ....
je me mis à appeler mère Barberin. Elle accourut près de mon lit :
— Est-ce que tu me laisseras aller à l'hospice ?
— Non, mon petit Rémi, non.
Et elle m'embrassa .... en me serrant dans ses bras. Cette caresse me rendit le courage, et mes larmes s'arrêtèrent de couler.
— Tu ne dormais donc pas ? me demanda-t-elle ....

D'après Hector Malot, *Sans famille*, 1878.

SCORE ..../3

Corrigés p. 11

TOTAL ..../ 19

ORTHOGRAPHE

30 Distinguer *c'est* et *s'est*

Dans quel cas écrit-on *c'est* ? Dans quel cas écrit-on *s'est* ?

- ***C'est*** est formé du pronom élidé *c'* suivi du verbe *être* (*est*).
  C'est peut être suivi d'un groupe nominal, d'un pronom, d'un adjectif, d'un adverbe, de *que*...
  ***C'est** sa maison. **C'est** lui. **C'est** parfait. **C'est** là. **C'est** que tu as faim.*
- ***S'est*** (pronom réfléchi *s'* + verbe *être*) fait partie d'un **verbe pronominal** conjugué au passé composé. Il est précédé d'un sujet et suivi d'un participe passé.
  *La maison **s'est** effondrée.*
- Il ne faut pas confondre *c'est* ou *s'est* avec le verbe homophone ***sait*** (*savoir*), ni avec les déterminants ***ces*** et ***ses***.

★ 1 Complète le texte avec *c'est* ou *s'est*.

Un incendie a ravagé la maison de Marie Nicolaïevna. Elle a pu se sauver avec Aniska, sa servante, mais sa fille, Katia, a disparu.

La servante .... écriée : ça brûle ! On .... dépêché de ramasser nos affaires. On .... sauvé avec ce qu'on avait sur le dos. .... tout ce qu'on a pu emporter. Tout le reste est perdu. Tout à coup, on .... aperçu que Katia n'était plus là.

« Mais où est-elle restée ? demanda Pierre.

— Aniska, va, montre-lui où .... », cria-t-elle à la servante.

La petite domestique prit par le sentier.

« .... ici, tout près dit-elle. Celle-là ! .... là que nous demeurions. »

D'après Léon Tolstoï, *Guerre et Paix*, 1869.

SCORE .... /8

> **COUP DE POUCE**
> Tu dois écrire c'est quatre fois et s'est quatre fois.

★ 2 Complète les phrases suivantes avec *c'est* ou *s'est*.

1. « .... fini ! », ...-il écrié. • **2.** .... bien à cet endroit que la voiture .... arrêtée. • **3.** Il .... regardé dans le miroir et a dit : « .... parfait ! » • **4.** Il fait assez beau, ...-à-dire qu'il ne pleut pas ! • **5.** On .... dit au revoir, mais .... pour mieux se retrouver dans quelques jours.

SCORE .... /9

★★ 3 Six formes en couleur comportent des erreurs. Barre-les puis réécris-les correctement.

Aujourd'hui, s'est .... la rentrée ! Noé s'est .... levé de bonne heure, il c'est .... habillé puis il s'est .... rendu dans la cuisine pour prendre son petit-déjeuner. Les tartines beurrées avec un peu de miel, s'est .... vraiment délicieux ! Noé s'est .... ensuite demandé quel vêtement il devait mettre pour sortir : il c'est .... décidé pour un imperméable car c'est .... bientôt l'automne, et le temps peut être capricieux. Il est sorti et c'est .... engouffré dans le bus. S'est .... parti pour une belle journée avec les copains !

SCORE .... /10

> **COUP DE POUCE**
> Ce texte contient six verbes pronominaux qui s'écrivent avec s'est.

Corrigés p. 12

TOTAL .... / 27

ORTHOGRAPHE

31 Distinguer *si* et *s'y*, *sans* et *s'en*

Quelle différence y a-t-il entre *si* et *s'y* ? Entre *sans* et *s'en* ?

- *Si* et *s'y*
  - *S'y* est le pronom réfléchi *se* (élidé en *s'*),suivi de *y*. *S'y* est toujours **suivi d'un verbe**.

    *Tom s'est installé dans cette maison car il **s'y** trouve bien. Ils **s'y** sont retrouvés.*

    → Tu peux changer de personne : *Je m'y trouve bien.*
  - *Si*, conjonction ou adverbe, peut être **précédé et suivi de divers types de mots**.

    ***Si** tu viens, mes parents seront **si** contents de te revoir !*

    *Tout est **si** étrangement calme, comme **si** le temps s'était arrêté.*
- *Sans* et *s'en*
  - *S'en* est le pronom réfléchi *se* (élidé en *s'*), suivi de *en*. *S'en* est toujours **suivi d'un verbe**.

    *Fred **s'en** va et laisse son chat à ses voisines. Elles **s'en** sont occupées en son absence.*
  - *Sans* est une **préposition** qui introduit un GN, un pronom ou un verbe à l'infinitif.

    ***Sans** toi je m'ennuie. Je me lève **sans** faire de bruit.*

★ 1 *Si* ou *s'y* ? Coche la forme qui convient.

1. ❑ Si ❑ S'y son travail est ❑ si ❑ s'y pénible, c'est parce qu'il ❑ si ❑ s'y prend mal.
2. Maya ne sait plus ❑ si ❑ s'y c'est le jour ou la nuit, il fait ❑ si ❑ s'y noir dans cette pièce !
3. Ce nouvel appartement, Luc ne ❑ si ❑ s'y habituera jamais.
4. On l'entendait ❑ si ❑ s'y mal, c'était comme ❑ si ❑ s'y sa voix s'était éteinte.
5. Le technicien a réparé mon ordinateur ❑ si ❑ s'y rapidement ! Il ❑ si ❑ s'y connaît vraiment.

SCORE ..../10

★ 2 *Sans* ou *s'en* ? Coche la forme qui convient.

1. « Ayant vécu ❑ sans ❑ s'en joie, il vieillit ❑ sans ❑ s'en remords. » (Heredia)
2. « À vaincre ❑ sans ❑ s'en péril, on triomphe ❑ sans ❑ s'en gloire. » (Corneille)
3. « Vienne la nuit sonne l'heure / Les jours ❑ sans ❑ s'en vont je demeure » (Apollinaire)
4. « Que serais-je ❑ sans ❑ s'en toi, qui vins à ma rencontre ? » (Aragon)
5. « La terre ❑ sans ❑ s'en émeut, l'air en est infecté. » (Racine)

SCORE ..../7

★★ 3 Complète les phrases avec *si* ou *s'y*, *sans* ou *s'en*, selon le cas.

1. .... tu le veux, on .... ira de bonne heure. • **2.** Ils .... retournent chez eux .... aucun regret. • **3.** Au Japon, Adrian .... est tellement plu qu'il y serait resté .... cela avait été possible. • **4.** Même .... on .... va, on est sûr de revenir. • **5.** Ta réussite, ton père .... réjouit .... réserve. • **6.** Au théâtre, Axel et Margot .... rendront .... leurs amis qui n'ont pas pu venir.

SCORE ..../12

COUP DE POUCE
Tu dois utiliser *s'en* quatre fois, *sans* et *si* trois fois, *s'y* deux fois.

Corrigés p. 12

TOTAL ..../ 29

ORTHOGRAPHE

32 Distinguer *quand, quant* et *qu'en*

Quelles différences y a-t-il entre *quand, quant* et *qu'en* ?

- ***Quand*** peut être remplacé par ***lorsque*** ou par ***à quel moment***.

  Quand *tu sors, je me demande toujours* ***quand*** *tu reviendras.*
  → Lorsque tu sors, je me demande à quel moment tu reviendras.

  Retiens l'orthographe des locutions *quand même* (= *tout de même*) et *quand bien même* (= *même si*).

- ***Quant*** est toujours suivi de *à* ou *au(x)* et peut être remplacé par ***en ce qui concerne***.

  Je vous informerai quant à *nos prochaines visites...* → En ce qui concerne nos prochaines visites...

- ***Qu'en*** est le mot *que* élidé devant *en* (pronom adverbial ou préposition).

  Qu'en *dis-tu ?* → Que dis-tu de cela ? *En* est un pronom adverbial.

  Je pense ***qu'en*** *été, la terrasse sera agréable.* *En* est une préposition.

COUP DE POUCE

Tu dois utiliser trois fois *quand*, une fois *quant*, deux fois *qu'en*.

★ 1 Complète les phrases avec *quand, quant* ou *qu'en*.

1. Je crois .... ce qui te concerne tout est réglé.
2. Tu achètes les fruits. .... au pain, je m'en occupe.
3. .... un nouveau film sort sur les écrans, les files s'allongent devant les cinémas.
4. Tu n'es pas sur la première marche du podium, mais c'est bien .... même.
5. .... bien même il neigerait, nous sortirions nous promener.
6. J'aimerais te faire découvrir un nouveau restaurant .... dis-tu ?

SCORE ..../6

★ 2 Complète le texte avec *quand, quant* ou *qu'en*.

Saviez-vous .... hiver, ... vient le froid, les hirondelles quittent l'Europe pour gagner la savane africaine ? Elles reviennent au printemps, ... il fait plus chaud et qu'elles peuvent à nouveau trouver de la nourriture. Autrefois, on pensait qu'elles s'enfouissaient dans les marais pour attendre le retour de la belle saison. Alors .... fait, elles partaient pour un voyage de près de 10 000 km à travers le globe. Les hirondelles rustiques sont les plus courantes en France : .... vient le mois d'avril, elles font leurs nids sous les toits. .... aux hirondelles de rivage, elles sont beaucoup plus rares et vivent près des lacs et des étangs.

SCORE ..../ 6

ATTENTION

Si *quant* (avec -*t*) est toujours suivi de *à* ou *au(x)*, *quand* (avec -*d*) peut être lui aussi suivi de ces prépositions.

★★ 3 Les formes en couleur comportent des erreurs. Barre-les puis réécris-les correctement.

J'irai faire mes devoirs à cinq heures quant .... j'aurai goûté. Quand .... à toi, fais ce que tu veux. On se retrouvera qu'en .... j'aurai fini. Quand .... penses-tu ?

SCORE ..../4

Corrigés p. 12

TOTAL ..../ 16

33 Distinguer *quel(s), quelle(s)* et *qu'elle(s)*

Dans quels cas trouve-t-on *quel(s), quelle(s)* ou *qu'elle(s)* ?

- *Quel(s)* ou *quelle(s)* est un **déterminant interrogatif ou exclamatif**. Selon le cas :
  - il **appartient à un GN** et s'accorde en genre et nombre avec le nom déterminé ;
    Quelle heure est-il ? Quels beaux paysages !
  - il est en position d'**attribut** et s'accorde en genre et en nombre avec le sujet.
    Quel est ce bruit ?
- *Qu'elle(s)* est l'association de la **conjonction** ou du **pronom *que*** élidé devant le **pronom *elle*** (ou *elles*) :
  - si ***qu'elle(s)*** est **suivi d'un verbe**, on peut le remplacer par *que je, que tu, qu'il...* ;
    *Il faut **qu'elle** parte. → Il faut qu'il parte.*
  - si ***qu'elle(s)*** n'est **pas suivi d'un verbe**, on peut le remplacer par *que lui, que moi...*
    *Il est aussi petit **qu'elle**. → Il est aussi petit que moi.*

★ 1 Coche la bonne réponse.

1. Je te demande ❑ quel ❑ quelle est la bonne direction.
2. ❑ Quel ❑ Quels temps fera-t-il demain ?
3. On dit ❑ quelle ❑ qu'elle est une femme d'esprit.
4. La punition ❑ quelle ❑ qu'elle a reçue est bien méritée.

SCORE ..../4

★ 2 Complète les phrases avec : quel – quelle – quelles – qu'elle – qu'elles.

1. À .... page vous êtes-vous arrêtés ?
2. Je ne pense pas .... puisse venir ce soir.
3. .... étourdi ! J'ai oublié à .... endroit j'avais garé ma voiture.
4. Ces fleurs sont si fragiles .... fanent dès qu'on les cueille.
5. L'artisan ne sait plus .... portes il doit repeindre.

SCORE ..../6

★★ 3 Complète le texte avec *qu'elle* ou *quel(le)*.

La vieille femme était en réalité une méchante sorcière qui attirait les enfants dans la maison en pain d'épices .... avait construite. Et dès .... réussissait à s'emparer de l'un d'eux, elle le faisait rôtir et le mangeait. .... fête c'était pour elle ! Aussitôt .... avait vu s'approcher Jeannot et Margot, elle avait ricané de plaisir et s'était dit : « .... délicieux festin je vais faire là ! »

Les frères Grimm, « Jeannot et Margot », *Contes*, 1856.

SCORE ..../5

COUP DE POUCE
Quand tu hésites, essaie de remplacer par *qu'il*.

Corrigés p. 13

TOTAL .... / 15

ORTHOGRAPHE

34 Les mots comportant la lettre *h*

Comment savoir s'il y a un *h* au début d'un nom ?

- On peut déceler la présence d'un *h* au début d'un nom s'il est **aspiré** car l'article, dans ce cas, ne peut s'élider et on ne peut pas faire de liaison : *la / **h**auteur, les / **h**annetons*.
- Il faut mémoriser les noms courants qui commencent par un *h* **muet** :
  ***h**omme, **h**umain, **h**ôtel, **h**onnête, **h**abitude, **h**erbe...*

1 **Ajoute la lettre *h* quand c'est nécessaire, puis classe les mots dans le tableau.**

(........)érisson – (........)armonie – (........)armure – (........)armistice – (........)asard – (........)altitude – (........)iver – (........)illusion – (........)ilarité – (........)ôte – (........)oux – (........)umeur.

COUP DE POUCE
Quatre mots ne commencent pas par un *h*.

Noms ne commençant pas par la lettre *h*	Noms commençant par la lettre *h*	
	h « aspiré »	*h* « muet »
....	....	....
....	....	....
....	....	....

SCORE ..../24

À l'intérieur de quels mots peut-on trouver un *h* ?

- Selon le cas, la lettre *h* à l'intérieur d'un mot :
  – permet de **prononcer séparément** des voyelles qui, placées côte à côte, se prononceraient ensemble : *tra**h**ir, co**h**ue...* ;
  – se trouve à droite des lettres *c*, *p*, *r* ou *t*, dans des mots d'origine grecque : *c**h**orale, p**h**otograp**h**ie, r**h**inocéros, t**h**éâtre...*

2 **Associe à chaque définition un mot d'origine grecque contenant un *h*.**

1. Médecin spécialiste des maladies mentales : psy..............................
2. Appareil qui permet de se parler à distance : télé..............................
3. Art de composer des ballets : ....graphie
4. Instrument servant à mesurer le temps : ....mètre

SCORE ..../4

3 **Remplace chaque GN entre parenthèses par un synonyme contenant un *h*.**

(La pendule) .... fit entendre douze coups. Dans la salle d'attente de (l'oculiste) ...., un enfant regardait un livre sur les (chevaux des mers) ....

SCORE ..../3

COUP DE POUCE
Aide-toi d'un dictionnaire des synonymes en ligne.

Corrigés p. 13

TOTAL ..../ 31

VOCABULAIRE

35 La formation d'un mot (1)

Qu'est-ce qu'un radical ? Qu'est-ce qu'un préfixe ?

- Le **radical** est l'**élément fixe d'un mot** à partir duquel il est possible de fabriquer de nouveaux mots par **dérivation** (en ajoutant des préfixes ou des suffixes).

  porter → le radical est *-port-* sur lequel on forme *sup**port**er, com**port**ement, **port**able...*

  Des mots formés sur le même radical composent une **famille de mots**.

- Le **préfixe** est l'élément placé **avant le radical**.
  La forme d'un préfixe peut varier selon le mot auquel il est soudé.

  ***in**capable, **im**possible, **ir**réalisable, **il**légal...*

  Identifier les préfixes aide à comprendre les mots et à **mieux les orthographier**.

- Les préfixes ont un sens. Ainsi, les préfixes **in-**, **dé-**, **mal-**, **mé-** permettent de former des **mots de sens contraire**.

  légal → ***il**légal ; pair* → ***im**pair ; faire* → ***dé**faire ; heureux* → ***mal**heureux ; content* → ***mé**content...*

★ 1 **a. Pour chaque verbe, sépare d'un trait le préfixe du radical.**

exporter – apprendre – amener – projeter – submerger – disculper – imposer – dissuader

b. Associe les radicaux *-port-*, *-prend-* et *-suad-* aux préfixes suivants pour former des verbes.

com- → ....

re- → ....

per- → ....

SCORE ..../11

★★ 2 **a. Dans les six verbes en couleur dans le texte, sépare d'un trait le préfixe du radical.**

> La marée basse laissait à découvert des oursins, des méduses ; et les enfants couraient, pour saisir les flocons d'écume que le vent emportait. Les flots endormis se déroulaient le long de la grève. Le principal divertissement était le retour des barques. Dès qu'elles avaient dépassé les balises, leurs voiles descendaient aux deux tiers des mâts. Ensuite le bateau se plaçait contre le quai. Des femmes s'élançaient pour embrasser leurs hommes.
>
> D'après Gustave Flaubert, « Un cœur simple », *Trois Contes*, 1877.

b. Avec le préfixe re-, forme d'autres verbes comportant le même radical, quand cela est possible.

COUP DE POUCE
Tu peux former au moins trois verbes.

....

SCORE ..../9

★ 3 **Trouve le contraire de chaque mot à l'aide du bon préfixe.**

importer → .... obéir → ....

plaire → .... brancher → ....

SCORE ..../4

Corrigés p. 14

TOTAL ..../ 24

36 La formation d'un mot (2)

Qu'est-ce qu'un suffixe ?

- Le suffixe est l'élément ajouté **aprés le radical** pour former un mot de la même famille.
  *éduc/**ation** ; chal/**eur** ; artist/**ique** ; val/**able**...*
- Les suffixes ont un sens. Ainsi, par exemple :
  - les suffixes *-ard, -asse, -âtre...* sont **péjoratifs** (*un chauff**ard**, jaun**asse**, une mar**âtre***) ;
  - les suffixes *-elle, -ette, -iche, -otin...* permettent de former des **diminutifs** (*une ru**elle**, une fill**ette**, une barb**iche**, un diabl**otin**...*) ;
  - les suffixes *-able* indiquent une **possibilité**, une aptitude (*dur**able** = qui peut durer*) ;
  - les suffixes *-eur / -euse, -teur / -trice, -ien / -ienne, -er / -ère* sont employés pour former des **noms de métiers** (*chant**eur**, chant**euse** ; agricul**teur**, agricul**trice** ; informatic**ien**, informatic**ienne** ; bouch**er**, bouch**ère**...*).
- Quelques règles d'orthographe à connaître :
  - les noms en [war] se terminent par ***-oir*** s'il sont masculins (*un sal**oir***), par ***-oire*** s'ils sont féminins (*une baign**oire***) ;
  - les noms féminins en [te] se terminent par *-té* (*la bon**té**...*), sauf *dic**tée**, por**tée**, pâ**tée**, pelle**tée***.

★ 1 Complète les radicaux avec l'un des suffixes indiqués.

1. (*-oir* ou *-oire*) : bav........ – bouill........ – entonn........ – promen........ – arros........ – arm........ – pass........ – ras........
2. (*-té* ou *-tée*) : propre........ – nette........ – dic........ – solidi........ – pelle........

SCORE ..../13

★★ 2 Barre l'intrus et justifie ton choix.

1. particulière – fière – rancunière – grossière : ....
2. éditeur – acheteur – auditeur – cultivateur – adorateur : ....

SCORE ..../4

COUP DE POUCE
Compare le masculin et le féminin de chaque nom ou adjectif.

★★ 3 Sépare le radical du suffixe par un trait vertical.

acclamation – acharnement – aimable – antiquaire – antiquité – argumentation – classeur – félicitation – capable – gribouillis – heureux – populaire – portable – valable – valeur

SCORE ..../15

★★ 4 Complète les mots en couleur avec les suffixes repérés dans l'exercice 3.

Un cyclone fait rage sur l'île de Clipperton, perdue au milieu du Pacifique.

> Les lames de fond soulevaient des tonnes de sable dans un vacarme épouvant........ . C'étaient des déton........ de bombes, des craque........ .Tout volait par-dessus la petite troupe : maisons, meubles, toits, portes et fenêtres, animaux, cocotiers. À peine une minute ou deux de tranquill........ . Le charivari furi........ reprit plus fort avec ses masses liquides et vertic........ qui se fracassaient en grosses vagues glacées.

D'après Jean-Hugues Lime, *Le Roi de Clipperton* © Le Cherche Midi, 2002.

SCORE ..../6

Corrigés p. 14

TOTAL ..../ 38

VOCABULAIRE

37 Chercher l'étymologie d'un mot

D'où viennent la plupart des mots français ?

- Un grand nombre de mots français a une **origine latine** ancienne (*enfant, père, mère...*). À ce fonds primitif se trouvent mêlés quelques mots **gaulois** (*charrue, chemin, chêne...*) et de nombreux mots **germaniques** (*guerre, bourg, blanc...*).
- Les mots **d'origine grecque**, pour la plupart introduits au XVIe siècle dans la langue française, se distinguent souvent par leur orthographe particulière (incluant fréquemment la lettre *h*) : *-y-*, *-th-*, *-rh-*, *-ph-* (*s**y**non**y**mes, **th**éâtre, a**th**lète, **rh**inocéros, **ph**otogra**ph**ie...*).

★ 1 Dans ces extraits d'articles de dictionnaire, encadre les mots d'origine latine et souligne les mots d'origine grecque.

Stade. *n. m.* (1530 ; *estade*, 1265 ; fém. jusqu'au XVIIe; gr. *stadion*) Mesure...
Pelouse. *n. f.* (1660 ; « monticule », 1611 ; de l'adj. *pelous* « poilu » (XIIIe) ; lat. *pilosus* « couvert de poils »). Terrain couvert d'une herbe courte et serrée...
Jambe. *n. f.* (1080 ; gr. *kampê*). *Anat.* Partie de chacun des membres inférieurs de l'homme...
Coude. *n. m.* (XIVe ; *code*, XIIIe; *keute*, XIIe; lat. *cubitus*). 1° Partie extérieure du bras...

D'après *Le Petit Robert* © SNL, 2014.

SCORE ..../4

> **COUP DE POUCE**
> L'origine du mot est la dernière indication donnée avant la définition.

D'où viennent les autres mots ?

- Les mots issus de langues étrangères ne sont pas toujours repérables :
  – les mots d'origine **italienne** se finissent souvent par *-o*, *-a*, *-i* : *pian**o**, opér**a**, pizz**a*** ;
  – certains mots viennent de l'**arabe** (*zéro, hasard, alcool*), de l'**espagnol** (*bizarre, sieste...*) ou même de langues moins courantes comme celle des Inuit (*anorak, igloo, kayak*).
- Certains mots **anglais et américains** sont entrés dans notre langue :
  – quelquefois francisés : *bol* (angl. *bowl*), *bifteck* (angl. *beef* et *steak*) ;
  – parfois sans changement orthographique : *sandwich, tee-shirt...*

★ 2 Complète les phrases avec ces mots d'origine italienne : scénario – spaghetti – paparazzi.

1. Certaines stars n'apprécient pas les .... qui les traquent. • **2.** J'ai un excellent .... pour mon prochain film. • **3.** Les .... s'accomodent bien de sauce tomate.

SCORE ..../3

> **INFO**
> On peut mettre un *-s* à *spaghetti*, mais ce mot est déjà un pluriel en italien. *Scenario* a été francisé. On écrit « des scénarios ».

★ 3 Souligne, dans ce texte, deux mots issus de l'anglais.

Ils croisèrent quelques gosses, appuyés à la barrière du stade, qui contemplaient des joueurs de football groupés à une extrémité de la pelouse.
« Bon. Tu prendras ton départ agenouillé. Dommage que nous n'ayons pas de starting-block. »
Il assura tout de suite sa foulée... Le balancement des bras s'accordait au rythme des jambes, les coudes frôlant les jambes...

D'après Yves Gibeau, *La Ligne droite*, 1962, DR.

SCORE ..../2

Corrigés p. 14

TOTAL ..../ 9

VOCABULAIRE

38 Définir le champ sémantique d'un mot

Un mot peut-il avoir plusieurs sens ?

- La plupart des mots possèdent **plusieurs significations** : ils sont **polysémiques**. C'est le cas du mot *pâté* :
  - *un **pâté** de sable* (sable moulé à l'aide d'un seau) ;
  - *un **pâté** en croûte* (préparation à base de viande) ;
  - *un **pâté** de maisons* (bloc de maisons) ;
  - *faire un **pâté** sur sa feuille* (faire une tache d'encre)...
- L'ensemble des sens d'un mot forme son **champ sémantique**.

★ 1 **a. Lis cet article de dictionnaire, puis reformule les deux sens du mot *roitelet*.**

> ROITELET *n. m.* (h. 1180 ; 1459 ; de l'a. fr. roitel. V. Roi) 1° Roi peu important, roi d'un petit pays (péj. ou plais.). « *Les roitelets sont morts ou déchus...* » (SARTRE). 2° Cour. Oiseau passereau, plus petit que le moineau. « *Le chant d'un roitelet de murailles se prolongeait à l'infini* » (FROMENTIN).
>
> *Le Petit Robert* © Sejer – Dictionnaires Le Robert, 2016.

Sens du mot *roitelet* :

1° ....

2° ....

b. À quoi servent les phrases entre guillemets ? ....

c. Que signifie l'abréviation *n. m.* ? ....

SCORE ..../4

COUP DE POUCE
Tu trouveras la liste des abréviations au début du dictionnaire.

★★ 2 **Trouve le mot correspondant à chaque ensemble de définitions.**

1. Tente militaire ; bâtiment d'habitation, maison ; partie visible de l'oreille externe de l'homme et des mammifères ; drapeau que l'on hisse sur un navire pour indiquer sa nationalité.

→ ....

2. Cloche immobile frappée par un marteau ; qualité spécifique des sons produits par un instrument ou par la voix ; marque que doivent porter certains documents à caractère officiel ; petite vignette, au verso enduit de gomme, vendue par l'administration des Postes.

→ ....

SCORE ..../2

ATTENTION
Vérifie que le mot que tu as trouvé correspond bien à toutes les définitions proposées.

★ 3 **Cherche deux sens différents pour chacun des mots suivants.**

1. Croissant **a.** ....
b. ....

2. Tableau **a.** ....
b. ....

3. Opération **a.** ....
b. ....

SCORE ..../4

COUP DE POUCE
Observe le dessin pour le mot *croissant*.

Corrigés p. 15

TOTAL ..../ 10

VOCABULAIRE

39 Synonymes et antonymes

Qu'appelle-t-on des synonymes ?

- Les **synonymes** sont des mots de **sens voisins** et de **même classe grammaticale**.
  - *Peur* et *frayeur* sont des **noms synonymes**. Le second est plus intense que le premier.
  - *Se promener* et *se balader* sont des **verbes synonymes**. Le second est plus familier que le premier.

INFO Un mot n'appartient pas forcément au même niveau de langue que son synonyme.

★ 1 Indique le synonyme de chaque mot en couleur : espiègle – agilité – froissé.

1. Ton frère a dû être vexé de ne pas être dans la confidence. → ....
2. Ton adresse pour grimper dans les arbres est connue ! → ....
3. Cet enfant est d'un caractère farceur. → ....

SCORE .... /3

Qu'appelle-t-on des antonymes ?

- Les **antonymes** sont des mots de **sens contraires** et de **même classe grammaticale**.
  - *Vide* et *plein* sont des **adjectifs antonymes**.
  - *Grandeur* et *petitesse* sont des **noms antonymes**.

★ 2 Indique l'antonyme de chaque mot en couleur : levé – fermé – trouble.

1. Cette eau, très pure, est transparente. → .... • **2.** Au début du spectacle, les acteurs gardent tous la tête baissée. → .... • **3.** La porte, brutalement, s'est ouverte. → ....

SCORE .... /3

★ 3 a. Retrouve, dans le texte, l'antonyme du mot en couleur. Encadre-le.

> De nouveaux compagnons s'échappent des pages de mes premiers livres, il leur arrive beaucoup d'aventures en tout genre, c'est très excitant, à côté le football me paraît fade. Un lundi matin, à l'école, mon père, qui est aussi mon instituteur, nous demande de raconter notre dimanche. Je trempe mon porte-plume dans l'encrier, les mots m'appellent et me tirent par la manche, ma main tremble…

D'après Daniel Rondeau, *Pourquoi écrivez-vous ?*, janvier 2002.

b. Donne un synonyme pour le mot *instituteur* : ....

SCORE .... /2

★★ 4 Complète le tableau. Il y a parfois plusieurs réponses possibles.

	Synonymes	Antonymes
beau	....	....
obscurité	....	....
aimer	....	....

SCORE .... /6

Corrigés p. 15

TOTAL .... / 14

VOCABULAIRE

40 Homophones et paronymes

Qu'appelle-t-on des homophones ?

- **Les homophones** sont des mots qui **se prononcent de la même façon** mais se distinguent à l'écrit et possèdent **des sens différents.**
  - *Cent* et *sang* sont des homophones **lexicaux.**
  - *Ces*, *ses* et *c'est* ; *son* et *sont* ; *a* et *à* sont des homophones **grammaticaux.**

★ 1 Trouve les homophones de ces mots, puis emploie-les dans les phrases proposées.

hauteur → .... mite → .... cane → ....

1. Les .... de l'antiquité grecque sont captivants.
2. Mon grand-père a oublié sa .... dans le train.
3. Victor Hugo est l'............................ de *Notre-Dame de Paris*.

SCORE ..../6

★★ 2 Explique le mot en couleur. Trouve les trois homophones de ce mot, puis emploie-les dans les phrases proposées.

> Ce matin-là, l'aire du Muguet avait des couleurs si riantes sous le jeune soleil que l'autoroute pouvait paraître en comparaison un enfer de bruit et de béton.

Michel Tournier, « L'aire du Muguet », in *Le Coq de bruyère* © Gallimard, 1978.

Sens du mot *aire* : ....

Homophones : ....

1. Ce matin, en arrivant, il avait un drôle d'.................... • **2.** Cela s'est produit à l'.................... glaciaire. • **3.** Marcel .... sans but dans les rues désertes.

SCORE ..../7

ATTENTION
Le mot *aire* a de nombreux homophones : ne les confonds pas !

Qu'appelle-t-on des paronymes ?

- **Les paronymes** sont des mots **proches par la prononciation ou l'orthographe,** mais de **sens différents.** C'est le cas par exemple d'*éruption* et d'*irruption*.
  → *Un volcan entre en* ***éruption****.*
  → *Des voleurs font* ***irruption*** *dans une banque.*

★★ 3 Complète chaque phrase avec le paronyme qui convient.

1. (induire/enduire)
Sans le vouloir, il a été .... en erreur.
Les peintres doivent .... le mur avant de le laquer.

2. (affligé/infligé)
Tu lui as .... une sérieuse punition.
Je suis très .... par la disparition de ce grand homme.

3. (incident/accident)
Un grave .... a eu lieu en plein centre-ville.
Un .... diplomatique peut être lourd de conséquences.

SCORE ..../6

Corrigés p. 15

TOTAL ..../ 19

41 Comparaison et métaphore

Qu'est-ce qu'une comparaison ?

- La **comparaison** consiste à rapprocher deux éléments **grâce à un outil de comparaison** : une **conjonction** (*comme, de même que*...) ou **un verbe indiquant une ressemblance** (*sembler, paraître*...).

*Ce chien est doux **comme** un agneau.*
→ On rapproche les deux termes *chien* et *agneau* à l'aide de la conjonction *comme*.

★ 1 Complète ces comparaisons. Plusieurs réponses sont possibles.

1. beau comme ....
2. sale comme ....
3. rouge comme ....
4. rusé comme ....

SCORE ..../4

★ 2 a. Souligne deux comparaisons dans le texte.

Florent, maigre et affamé, arrive chez son frère, Quenu, qui est charcutier.

Quenu était gras, trop gras pour ses trente ans. Il débordait dans sa chemise, dans son tablier, dans ses linges blancs qui l'emmaillotaient comme un énorme poupon. Sa face rasée s'était allongée, avait pris à la longue une lointaine ressemblance avec le groin de ces cochons, de cette viande, où ses mains s'enfonçaient et vivaient, la journée entière.

Émile Zola, *Le Ventre de Paris*, 1873.

b. Quels sont les mots qui te permettent de repérer ces comparaisons ?

....

c. Pour chaque comparaison, précise ce qui est comparé.

1. .... est comparé à un énorme poupon.
2. .... est comparé(e) au groin d'un cochon.

SCORE ..../6

INFO
Ces comparaisons sont très courantes. On parle de clichés.

Qu'est-ce qu'une métaphore ?

- La **métaphore** consiste à rapprocher deux éléments **sans outil de comparaison**. Il s'agit d'une comparaison implicite.

*Dans la montagne, le torrent projette **mille perles scintillantes**.*
→ Les gouttes d'eau sont comparés implicitement à des perles.

★★ 3 Souligne deux métaphores et encadre une comparaison dans le texte.

Le Bracelet Élastique est un serpent qui se mord la queue. Il ne mue pas, il s'use. D'abord il se décolore, se craquelle en plusieurs endroits, blanchit comme des phalanges de poing serré. Sa rupture survient peu après. Il casse. Ses extrémités s'éloignent. Il s'allonge, s'étale, s'avachit. C'est un ver sans ressort. On regrette d'avoir tant exigé de lui.

Régine Détambel, *Graveurs d'enfance* © Éditions Gallimard, 2002.

SCORE ..../3

Corrigés p. 15

TOTAL ..../ 13

VOCABULAIRE

42 D'autres figures de style

Quelles figures de style peut-on rencontrer dans un texte ?

- La **personnification** attribue des caractéristiques humaines à ce qui n'est pas humain.
  Le chien était en train de lui sourire. (Michel Tournier, *Vendredi ou la Vie sauvage*, 1971)
- L'**accumulation** consiste à énumérer plusieurs termes.
  Adieu veau, vache, cochon, couvée. (Jean de La Fontaine, *Fables*, 1678-1694)
- L'**anaphore** consiste à répéter un même mot, une même expression en début de phrase ou de vers.
  ***Dois-je oublier** Hector… **Dois-je oublier** son père…* (Jean Racine, *Andromaque*, 1667)
- L'**antithèse** met en parallèle deux expressions de sens contraire.
  *Un **ver de terre** amoureux d'une **étoile…*** (Victor Hugo, *Ruy Blas*, 1838)
- L'**oxymore** rapproche deux termes contradictoires.
  *Cette **obscure clarté** qui tombe des étoiles.* (Pierre Corneille, *Le Cid*, 1636)
- La **périphrase** consiste à remplacer un mot par un groupe de mots synonyme.
  La Ville Lumière (pour désigner Paris)

★★ **1** **a. Souligne, dans cet extrait de poème, tous les éléments de personnification.**

Une forêt pour toi, c'est un monde hideux.
Là se penchent rêveurs les vieux pins, les grands ormes
Dont les rameaux tordus font cent coudes difformes.
Le cresson boit ; l'eau court ; les frênes sur les pentes,
Sous la broussaille horrible et les ronces grimpantes,
Contractent lentement leurs pieds noueux et noirs.
Ô végétation ! esprit ! matière ! force !
Couverte de peau rude ou de vivante écorce !
J'ai senti, moi qu'échauffe une secrète flamme,
Comme moi palpiter et vivre avec une âme,
Et rire, et se parler dans l'ombre à demi-voix.
Les chênes monstrueux qui remplissent les bois.

D'après Victor Hugo, « À Albert Dürer », *Les Voix intérieures*, 1837.

b. Dans quel vers repères-tu une accumulation ? ....

SCORE ..../11

COUP DE POUCE
Tu dois trouver au moins six mots ou expressions.

★★ **2** **Quel mot se cache derrière chacune de ces périphrases ?**

1. la messagère du printemps : ....
2. le roi des animaux : ....
3. la plus noble conquête de l'homme : ....
4. le septième art : ....

SCORE ..../4

COUP DE POUCE
De quel oiseau dit-on qu'il annonce le printemps ?

Corrigés p. 16

TOTAL ..../ 15

43 Définir une situation d'énonciation

Qu'est-ce qu'une situation d'énonciation ?

- C'est la situation **dans laquelle un énoncé** (c'est-à-dire un message oral ou écrit) **a été produit** : le temps (quand l'énoncé a-t-il été produit ?), le lieu (où ?), l'identité du locuteur (qui parle ?) et de l'interlocuteur (à qui ?).
- Dans un énoncé **ancré dans la situation d'énonciation**, par exemple dans un dialogue ou un texte à la 1re personne, certains mots font référence à des éléments de la situation d'énonciation (et ne peuvent être compris que si on la connaît) :
  – les **pronoms de la 1re et de la 2e personnes** renvoient respectivement au locuteur et à l'interlocuteur ;
  – les **verbes au présent** renvoient au moment où le locuteur parle.

  *Appelle-**moi** dans cinq minutes. **J'**ai une nouvelle surprenante à **t'**annoncer !*

★ 1 Lis ce dialogue attentivement, puis réponds aux questions.

> — Mais enfin, monsieur, ce jeune voyou vient de mettre le feu chez les honnêtes gens et en plus...
> — « Honnêtes gens ! » rugit Bougras, vous m'en mettez une caisse et trois bidons de vos « honnêtes gens ». Qu'en savez-vous ? Regardez-les : ils ont tous des têtes de faux jetons, d'hypocrites, de repris de justice, de couards, de marchands de soupe...
> — Mais enfin, monsieur...

D'après Robert Sabatier, *Les Allumettes suédoises* © Albin Michel, 1969.

1. Qui parle à qui ? ....

2. Sait-on quand et où se déroule le dialogue ? ....

3. La situation d'énonciation est donc ❑ bien définie ❑ peu définie dans cet extrait.

SCORE .... /3

★ 2 a. Souligne les éléments qui font référence à la situation d'énonciation.

> Aujourd'hui, maman est morte. Ou peut-être hier, je ne sais pas. J'ai reçu un télégramme de l'asile : « Mère décédée. Enterrement demain. Sentiments distingués. » Cela ne veut rien dire. C'était peut-être hier. [...]
> Je prendrai l'autobus à deux heures et j'arriverai dans l'après-midi. Ainsi, je pourrai veiller et je rentrerai demain soir.

Albert Camus, *L'Étranger* © Éditions Gallimard, 1942.

COUP DE POUCE
Tu dois souligner sept expressions de temps et six pronoms personnels de la 1re personne.

b. À quels temps les verbes sont-ils conjugués ? ....

SCORE .... /14

Qu'est-ce qu'un énoncé coupé de la situation d'énonciation ?

- Il n'est pas nécessaire de connaître la situation d'énonciation pour comprendre ce type d'énoncé. L'époque et le lieu sont **internes à l'histoire**. Les verbes sont au **passé**, à la **3e personne**. Il est inutile de savoir qui a produit le récit pour pouvoir le comprendre.

  Les Parisiens prirent la Bastille le 14 juillet 1789.

★ 3 Lis le texte, puis réponds aux questions.

Un dimanche de mars 1639, dans l'antichambre de maître Gassendi, Baptiste fit la connaissance d'un drôle de paroissien. Sa vue lui donna un haut-le-cœur. Il ne savait s'il devait éclater de rire ou prendre la poudre d'escampette. L'inconnu était un jeune homme dont le crâne en pain de sucre était déjà presque entièrement chauve. Il avait les sourcils si noirs et si fournis que ses yeux disparaissaient dessous. Son nez était le plus long, le plus large, le plus recourbé du monde. Ce bourrelet de chair jaunâtre, couturé de cicatrices pourpres, qui lui pendait jusqu'à la bouche, évoquait irrésistiblement le bec d'un perroquet monstrueux.

Pierre Lepère, *La Jeunesse de Molière* © Éditions Gallimard Jeunesse, 1999.

1. Souligne tous les verbes. À quel(s) temps sont-ils ? ....

2. À quelle personne ? ....

3. As-tu besoin de la situation d'énonciation pour comprendre ce texte ? ....

SCORE .... /15

INFO
Dans un récit classique, le temps de base est le passé simple associé à l'imparfait.

★ 4 Ces énoncés font-ils référence à la situation d'énonciation? Justifie ta réponse.

1. « Vous êtes bien renseigné. Mais le mécontentement est déjà grand et le préfet hésite.
— Pourquoi ne pas demander des volontaires ?
— On l'a fait. »

Albert Camus, *La Peste* © Éditions Gallimard, 1947.

....

2. Chère Kitty,
Aujourd'hui je n'ai que des nouvelles déprimantes à t'annoncer. Beaucoup de nos amis juifs sont petit à petit embarqués par la Gestapo, qui ne les ménage pas, loin de là. Nous n'ignorons pas que ces pauvres gens seront massacrés.
Anne.

D'après Anne Franck, *Journal*, traduction de Tylia Caren et Suzanne Lombard © Calmann-Lévy, 1950.

....

SCORE .... /2

INFO
Observe la ponctuation du premier énnoncé et la source du second énoncé.

★★ 5 Rédige une courte lettre que tu pourrais écrire à un(e) ami(e) pour lui raconter un moment marquant de ta vie.

....

Corrigés p. 16

TOTAL .... / 34

LECTURE ET EXPRESSION ÉCRITE

44 Les procédés de reprise

Qu'est-ce qu'un procédé de reprise ?

- Dans un texte, on est amené à faire référence à des éléments qui ont déjà été cités. Pour **éviter de les répéter**, on les reprend à l'aide d'un nom ou d'un pronom.
- On appelle **reprise pronominale** l'emploi d'un pronom qui remplace un nom ou GN précédemment évoqué.

*J'ai acheté **un manteau**. Comment **le** trouves-tu ?*

1 Par quel pronom peux-tu remplacer le GN en couleur ?

1. J'aperçois une lumière. Je m'approche de la lumière. → ....
2. Tu prends mes affaires. Ils prennent leurs affaires. → ....
3. Les campeurs ont observé les étoiles. Observer les étoiles les passionne. → ....
4. Ma sœur ne connaît pas mon ami. Je parle à ma sœur de mon ami. → ..../.........

SCORE ..../4

ATTENTION

Le pronom adverbial *en* ne peut pas remplacer un GN désignant un être animé.

Qu'appelle-t-on une reprise nominale ?

- Pour reprendre un élément par un nom ou un GN, on peut utiliser :
  - un **synonyme du terme repris** ;
    Par exemple, *un livre* peut-être repris par *cet ouvrage*.
  - un **nom générique**, de sens plus général que le terme repris ;
    *Jean avait acheté des pommes, des poires, des oranges. **Tous ces fruits** étaient bien mûrs.*
  - une **périphrase,** c'est-à-dire une expression qui désigne une chose, une personne à travers ses caractéristiques ;
    Par exemple, *l'hirondelle* peut-être repris par *la messagère du printemps*.
  - un **nom** résumant l'idée précédemment émise.
    *Je travaille debout dans une pièce bruyante et surchauffée. **Cette situation** m'épuise.*

2 Lis le texte puis réponds aux questions.

Une grande nouveauté, grâce au feu, c'était d'avoir la lumière après le coucher du soleil. Nous jouissions tous les soirs de ce luxe inépuisable. Rassemblés autour de lui à nous détendre et à sucer des os à moelle, nous nous racontions des histoires. Père revenait souvent sur la sienne : son iliade et son odyssée pour ramener le feu dans la vallée. Il parlait sans cesser de tailler la pointe d'un épieu, car on ne le voyait jamais oisif. Petit à petit, nous apprîmes ainsi toutes les péripéties.

Il nous rappela d'abord la triste situation dans laquelle nous étions encore quelques jours plus tôt, chassés, traqués par les fauves et les loups presque jusqu'à extinction. C'était l'insuffisance d'ongulés – ânes, zèbres, chevaux – qui obligeait les carnassiers à s'en prendre à nous. La cause de cette raréfaction ? Peut-être la sécheresse : les pâturages jaunissaient au soleil. Toujours est-il que, quand les grands chats commencent à manger de l'homme, ils ont vite fait d'y prendre goût.

D'après Roy Lewis, *Pourquoi j'ai mangé mon père* (1960), trad. Vercors et Rita Barisse © Actes Sud, 1990.

INFO

Pourquoi j'ai mangé mon père raconte l'histoire d'une famille préhistorique, dont le père, très ingénieux, a notamment découvert comment faire du feu.

1. Par quel GN est reprise l'expression *avoir la lumière après le coucher du soleil ?*

....

2. Par quel pronom est repris le GN *des histoires* ? ....

3. Quel terme générique reprend *les fauves et les loups* ? ....

4. Dans la dernière phrase, que remplace le pronom *y* ? ....

SCORE ..../4

COUP DE POUCE
Pour la question 2, tu dois trouver un pronom possessif.

3 **Remplace chaque GN en couleur par un GN de même sens, en t'aidant de cette liste :**
maison – monde – argent – palais – salaire – peine – fatigue.

1. Yann est heureux de recevoir sa paye avant les vacances. → ....

2. Salomé a déjà fait le tour de la planète plusieurs fois. → ....

3. Tout travail mérite salaire. → ....

4. Daniel habite dans une magnifique demeure. → ....

SCORE ..../4

INFO
L'utilisation de synonymes permet d'éviter les répétitions dans une rédaction.

4 **Propose un nom générique qui englobe les mots de chaque série.**

1. carottes, poireaux, navets, pommes de terre : ....

2. poule, canard, poulet, oie, dinde : ....

3. robe, pantalon, pull, chaussette : ....

4. table, chaise, buffet, commode, lit : ....

SCORE ..../4

5 **Remplace chacune des périphrases en couleur par un nom ou un GN.**

1. Nous avons visité plusieurs fois la capitale de la France. → ....

2. L'auteur de *Notre-Dame de Paris* est né en 1802. → ....

3. L'animal à longue trompe est chassé pour l'ivoire de ses défenses. → ....

4. La pièce dans laquelle on prépare les repas est immense. → ....

SCORE ..../4

6 **Évite les répétitions des mots en couleur en utilisant des reprises nominales ou pronominales.**

1. Les voitures, très nombreuses, prennent la route des vacances.
Le trop grand nombre de voitures provoque des embouteillages.

....

2. Le transport en TGV est plus rapide que le transport en voiture.

....

3. Le journaliste pose des questions au sportif.
Les questions du journaliste étonnent le sportif.

....

SCORE ..../3

Corrigés p. 17

TOTAL ..../ 23

45 Les connecteurs

Qu'est-ce qu'un connecteur spatio-temporel ?

▸ Les connecteurs spatio-temporels facilitent le **repérage dans l'espace et dans le temps**. Dans un récit, les connecteurs temporels permettent de marquer les étapes de l'histoire, l'enchaînement des événements.

Classe grammaticale	Connecteurs spatiaux	Connecteurs temporels
adverbes	*ici, là, devant, derrière, dessous…*	*d'abord, ensuite, enfin, désormais, demain*
groupes nominaux	*au premier plan, à gauche…*	*ce matin, à cinq heures…*

★ 1 Souligne dans les phrases suivantes les connecteurs spatio-temporels.

1. Ici, on aperçoit des canards ; là-bas, on entend des cochons. • **2.** C'est simple : d'abord tu tournes à droite, ensuite tu vas tout droit. • **3.** Avant, cette zone était un terrain vague ; maintenant, c'est un quartier résidentiel. • **4.** Ce matin, je vais travailler ; cet après-midi, je suis libre.

SCORE .... /8

COUP DE POUCE
Tu dois repérer deux connecteurs dans chaque phrase.

Qu'est-ce qu'un connecteur logique ?

▸ Les connecteurs logiques assurent l'**organisation d'un texte**, en mettant en évidence le lien qui existe entre deux faits, deux idées…

Lien logique	Conj. de coordin.	Adverbe, locution	Conj. de subordination
cause	*car*	*en effet…*	*parce que, puisque, comme…*
conséquence	*donc*	*ainsi, c'est pourquoi, par conséquent…*	*si bien que, de sorte que, si… (tant…, tellement…) que…*
opposition	*mais, or*	*pourtant, cependant, néanmoins, au contraire…*	*quoique, bien que, même si, tandis que…*
addition	*et*	*en outre, de plus…*	*de même que…*
reformulation	*ou*	*c'est-à-dire, en un mot…*	

★ 2 Souligne dans les phrases suivantes les connecteurs logiques. Indique le lien qu'ils expriment (cause, conséquence…).

1. La circulation est intense sur l'autoroute car tout le monde part en vacances.

....

2. Il va, il vient, il court, il monte, il descend ; en un mot, il s'agite bien inutilement.

....

3. Il fait un temps épouvantable, tu ne viendras donc pas me voir.

....

COUP DE POUCE
Tu dois trouver une cause, deux conséquences, une opposition, une reformulation.

4. Tu as bien réussi cet exercice, mais tu n'as pas vraiment compris la leçon.

....

5. Les oiseaux chantent si fort au printemps qu'ils me réveillent.

....

SCORE ..../10

★ 3 Encadre les connecteurs spatio-temporels et souligne les connecteurs logiques.

« Eh bien, monsieur, lui dit [Mme de Marelle] brusquement, vous voulez donc tâter du journalisme ? » Alors il parla de ses projets, en termes vagues, puis recommença avec elle la conversation qu'il venait d'avoir avec Mme Walter ; mais, comme il possédait mieux son sujet, il s'y montra supérieur, répétant comme de lui des choses qu'il venait d'entendre. Et sans cesse il regardait dans les yeux de sa voisine, comme pour donner à ce qu'il disait un sens profond. Elle lui raconta à son tour des anecdotes ; et, devenant familière, elle posait la main sur son bras, baissait la voix pour dire des riens.

Mais tout à coup, sans raison, elle appela : « Laurine ! » et la petite fille s'en vint.

D'après Guy de Maupassant, *Bel-Ami*, 1885.

SCORE ..../9

INFO

Georges Duroy est invité à dîner chez des amis. Il y rencontre les Walter et Mme de Marelle, sa voisine de table.

★ 4 Complète le texte avec ces connecteurs : enfin – donc – d'autres fois – tantôt.

« Chaque jour, nous voyons dans les journaux que l'on ne brave point impunément les lois humaines. ...., c'est le crime horrible d'un fou qui égorge l'un de ses semblables, pour s'approprier le contenu d'un portefeuille ; ...., c'est un homme alerte, qui, muni d'une grande prudence et d'outils spéciaux, ouvre illégalement la serrure d'un coffre-fort [...] ; ...., c'est un caissier qui a perdu l'argent de son patron en l'engageant à tort sur le résultat futur d'une course chevaline. [...] Tous ces malheureux sont .... arrêtés et traînés par les gendarmes aux pieds de leurs juges. »

Marcel Pagnol, *Topaze*, Éditions de Fallois, © Marcel Pagnol, 2004.

SCORE ..../4

★ 5 En observant les connecteurs, remets dans l'ordre les phrases suivantes.

Zadig a été accusé d'avoir volé le cheval de la reine...

a. Les juges furent donc dans la douloureuse nécessité de revoir leur jugement,
b. Il fallut d'abord payer cette amende ;
c. Zadig fut condamné à passer le reste de ses jours en Sibérie ;
d. après quoi il fut permis à Zadig de partir.
e. mais à peine ce jugement avait-il été rendu qu'on retrouva le cheval volé.
f. néanmoins ils condamnèrent Zadig à payer une amende pour avoir dit qu'il n'avait point vu ce qu'il avait vu.

D'après Voltaire, *Zadig*, 1747.

1. → .... **2.** → .... **3.** → .... **4.** → .... **5.** → .... **6.** → ....

SCORE ..../6

COUP DE POUCE

Observe aussi les majuscules et la ponctuation.

Corrigés p. 17

TOTAL ..../ 37

LECTURE ET EXPRESSION ÉCRITE

46 Distinguer les différents types de texte

Quels sont les différents types de texte ?

- Tout texte a un **but**, une finalité.
En fonction de l'objectif poursuivi, on distingue ainsi :

Type de texte	But
texte narratif	raconter une histoire, faire un récit
texte descriptif	« faire voir » (descriptions de personnages, de paysages...)
texte explicatif	informer le lecteur
texte argumentatif	convaincre le lecteur, le faire adhérer à un point de vue, à une thèse

- Une même œuvre peut recourir à **plusieurs types de texte** : ainsi, dans un roman qui, pour l'essentiel, est narratif, on pourra rencontrer également des passages descriptifs (qui évoquent les lieux, les personnages du récit), mais aussi argumentatifs (par exemple si l'auteur veut, à travers l'un de ses personnages, défendre une thèse), voire explicatifs (fonctionnement d'un appareil, détails techniques).

★ 1 **Indique, pour chaque extrait, à quel type de texte il appartient.**

1. Une grosse tête hérissée de cheveux roux ; entre les deux épaules une bosse énorme ; de larges pieds, des mains monstrueuses ; et, avec toute cette difformité, je ne sais quelle allure redoutable de vigueur, d'agilité et de courage ; étrange exception à la règle éternelle qui veut que la force, comme la beauté, résulte de l'harmonie.

D'après Victor Hugo, *Notre-Dame de Paris*, 1831.

→ ❑ narratif ❑ descriptif ❑ explicatif ❑ argumentatif

2. Comme les souris, la marmotte est un rongeur. Elle mange surtout de l'herbe, mais se nourrit aussi de vers, de sauterelles et d'œufs d'oiseaux. Pour absorber la nourriture, elle se tient debout sur ses pattes de derrière.

→ ❑ narratif ❑ descriptif ❑ explicatif ❑ argumentatif

3. Il s'enfonça dans les rues silencieuses. Cependant, il suivait une direction. Il coupa par le plus court vers la Seine, gagna le quai des Ormes, longea le quai, dépassa la Grève, et s'arrêta, à quelque distance du poste de la place du Châtelet, à l'angle du pont Notre-Dame.

Victor Hugo, *Les Misérables*, 1862.

→ ❑ narratif ❑ descriptif ❑ explicatif ❑ argumentatif

INFO
Dans un récit au passé, le temps utilisé pour la narration est le plus souvent le passé simple.

4. Tous les animaux sont perpétuellement en guerre ; chaque espèce est née pour en dévorer une autre. L'air, la terre et les eaux sont des champs de destruction. Il semble que Dieu ayant donné la raison aux hommes, cette raison doive les avertir de ne pas s'avilir à imiter les animaux, surtout quand la nature ne leur a donné ni armes pour tuer leurs semblables, ni instinct qui les porte à sucer leur sang.

D'après Voltaire, *Dictionnaire philosophique*, article « Guerre », 1764.

→ ❑ narratif ❑ descriptif ❑ explicatif ❑ argumentatif

SCORE ..../4

Quelles sont les caractéristiques d'un texte argumentatif ?

- Comme son but est de **démontrer une thèse**, de **convaincre** le lecteur de la validité d'un propos, le texte argumentatif doit être **organisé de manière logique**, cohérente :
  – l'auteur indique le **thème** dont il est question et expose la **thèse** qu'il défend ;
  – il développe des **arguments** en faveur de cette thèse et s'appuie sur des **exemples** ;
  – parfois, il expose également la **thèse de ses adversaires** pour mieux la contredire.
- Un texte argumentatif contient des **marques de subjectivité** qui montrent que le locuteur s'implique dans son discours.

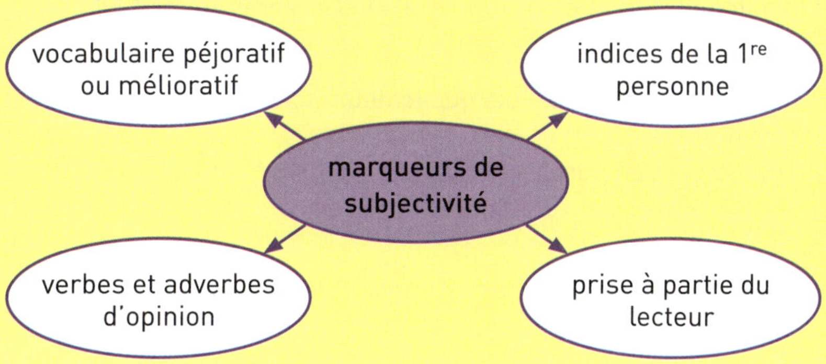

★★ **2** **Lis le texte, puis réponds aux questions.**

Journaliste et romancier, Guy de Maupassant s'élève, en 1886, contre la construction de la tour Eiffel.

Depuis un mois, tous les journaux illustrés nous présentent l'image affreuse et fantastique d'une tour de fer de trois cents mètres qui s'élèvera sur Paris [...]. Ce monstre poursuit les yeux à la façon d'un cauchemar, hante l'esprit, effraie d'avance les pauvres gens naïfs qui ont conservé le goût de l'architecture artiste, de la ligne et des proportions. Cette pointe de fonte épouvantable n'est curieuse que par sa hauteur. Les femmes colosses ne nous suffisent plus ! Après les phénomènes de chair, voici les phénomènes de fer. Cela n'est ni beau, ni gracieux, ni élégant, – c'est grand, voilà tout. On dirait l'entreprise diabolique d'un chaudronnier atteint du délire des grandeurs.

Pourquoi cette tour [...] ? Pour étonner ? Pour étonner qui ? Les imbéciles. On a donc oublié que le mot *art* signifie quelque chose.

Guy de Maupassant, « La tour... Prends garde », *Gil Blas*, 19 octobre 1886.

1. Quelle est la thèse de l'auteur ?

....

2. Comment Maupassant décrit-il la tour Eiffel ? Relève dans le texte les différentes images employées pour évoquer le monument.

....

3. Dans ce texte, l'auteur oppose deux catégories de personnes : les « imbéciles » qui apprécient la tour Eiffel et les autres. Que peux-tu dire de cette seconde catégorie ? Relève les mots qui la désignent.

....

SCORE ..../12

COUP DE POUCE
Ceux qui, comme Maupassant, critiquent la tour Eiffel sont, selon lui, des amoureux de l'art et de la beauté. Trouve les expressions qui vont dans ce sens.

Corrigés p . 18

TOTAL ..../ 16

LECTURE ET EXPRESSION ÉCRITE

47 Insérer un dialogue dans un récit

Qu'est-ce que le discours direct ?

- Dans un récit, si le narrateur veut **rapporter des paroles**, il peut le faire :
  – au **discours direct**, en reprenant dans un dialogue les paroles telles qu'elles ont été prononcées par les interlocuteurs ;
  – au **discours indirect** en modifiant les paroles de manière à les intégrer au récit.
- Le **discours direct** dans un récit se caractérise par :
  – l'emploi de **signes de ponctuation spécifiques** tels que le deux-points, les guillemets, les tirets, les points d'interrogation… ;
  – la présence **de verbes introducteurs de parole** tels que *dire, demander, répondre*… ;
  – les **temps des verbes** et les **pronoms** caractéristiques d'un énoncé ancré dans la situation d'énonciation.

Robin se tourna vers Iris et lui dit : « Je reviens dans un instant. Tiens-toi prête à partir. »

★ 1 Dans le texte, délimite par des crochets les passages au discours direct et souligne les verbes introducteurs de parole.

Un peu plus loin, Claudius aperçut une jeune fille. Elle s'avançait lentement vers lui. Elle était brune, élancée, le visage rond et charmant. Elle devait avoir à peu près le même âge que lui…

« Eh bien, dit-elle, j'ai l'impression que je suis arrivée à temps !
Je sais que les brigands sont nombreux dans ces bois.
C'est pour cela que les voyageurs évitent en général cette route.
— Et c'est pour cela que, toi, précisément, tu la choisis ?
demanda Claudius qui reprenait ses esprits.
— Oh ! pour moi, c'est plus court. Je connais bien la région et puis
j'ai ma fronde pour me défendre. Avançons et nous parlerons. »
Claudius ramassa son bâton sans rien dire. Au bout d'un moment,
il reprit la parole : « Comment t'appelles-tu ?
— Gaia, répondit la jeune fille. Et toi ?
— Claudius… »

D'après Michel Rouffet, *Le Voyage de Claudius* © Éditions Normant, 2006.

SCORE ..../6

INFO
Claudius est un jeune Romain, vivant au Ier siècle après J.-C. En faisant route à pied pour Naples, il échappe de justesse à des brigands.

Qu'est-ce que le discours indirect ?

Le **passage du discours direct au discours indirect** entraîne certaines modifications.

- Les **signes de ponctuation** spécifiques au discours direct, ainsi que les marques de l'oralité (interjections, niveau de langage familier…) disparaissent.
- Les paroles rapportées sont intégrées dans une subordonnée conjonctive complétive ou **interrogative indirecte**, introduite par un verbe de déclaration (*dire, expliquer…*), d'interrogation (*demander…*), d'opinion (*penser, croire…*), etc.
- Les **pronoms** de la 1re et de la 2e personnes ainsi que le **temps des verbes** sont généralement modifiés. *Robin lui dit [qu'il revenait dans un instant.]*

★ 2 Souligne dans le texte les paroles rapportées indirectement.

À la nuit tombante, Claudius arriva, guidé par un esclave, à la villa où logeait l'ami de son père. Aussitôt qu'il fut annoncé, l'ami de son père le reçut avec une très grande cordialité. Claudius remarqua qu'il y avait du monde comme dans une ruche bourdonnante.
Le maître lui offrit une coupe de vin et lui déclara que l'on ne dînerait qu'après la cérémonie.

(*op. cit.*)

SCORE ..../1

★ 3 Transforme le passage que tu viens de souligner en discours direct et effectue les modifications nécessaires.

....

....

....

SCORE ..../1

COUP DE POUCE
Pense à la ponctuation et au temps des verbes.

★★ 4 Transpose au discours indirect les paroles rapportées directement.

1. « Comment t'appelles-tu ? » demanda l'institutrice à l'enfant.

→ ....

2. « J'irai me promener avec vous demain », promit Laurène à ses enfants.

→ ....

3. « Arrête-toi ici ! » ordonna le maître à son chien.

→ ....

4. « Ce film, je l'ai vu hier », annonça joyeusement Esther.

→ ....

SCORE ..../4

ATTENTION
Les adverbes de temps et de lieu changent : *demain → le lendemain ; hier → la veille...*

★★ 5 Transpose au discours direct les phrases suivantes.

1. Le boucher disait qu'on lui avait volé un poulet.

→ ....

2. Pierre dit à son fils de se laver les mains avant chaque repas.

→ ....

3. Tout le monde demandait à Julien s'il prendrait un avocat.

→ ....

4. Le patron ordonna à ses ouvriers de finir leur travail avant de quitter l'atelier.

→ ....

5. Sophie a formellement interdit à sa fille de sortir seule.

→ ....

SCORE ..../5

Corrigés p. 18

TOTAL ..../ 17

48 Répondre en justifiant son point de vue

Comment répondre à une question ?

- Pour répondre à une question de façon pertinente, tu dois **reprendre**, dans ta réponse, **une partie de la question**.

  Pourquoi certaines personnes éprouvent-elles le besoin d'avoir un chien ?
  *→ Je pense que **certaines personnes éprouvent le besoin d'avoir un chien** parce que…*

- Il faut ensuite parvenir à **formuler ta propre idée**, à dire ce que tu penses.

  *Je pense que certaines personnes éprouvent le besoin d'avoir un chien parce qu'**elles recherchent de l'affection**.* → Tu ne dois pas en rester à l'observation des faits, à la description des événements, mais exposer des idées relevant du **domaine de la pensée**.

- Pour **exprimer tes idées**, tu peux utiliser :
  – des **verbes d'opinion** comme *penser, croire, juger, estimer, affirmer, craindre, redouter…* ;
  – des **mots abstraits** qui appartiennent au registre de la pensée, des idées, contrairement aux mots concrets.

★★ 1 Coche les phrases qui expriment une idée et non un fait.

❑ **1.** Cet enfant est très petit pour son âge. • ❑ **2.** Mon frère est un grand champion de natation. • ❑ **3.** La connaissance est le chemin le plus sûr pour parvenir à la liberté. • ❑ **4.** Je vois tous les jours cet homme se promener dans le parc. • ❑ **5.** Je pense qu'il vaut mieux une tête bien pleine que bien faite. • ❑ **6.** Mes parents aiment aller au cinéma. • ❑ **7.** La violence n'est jamais tolérable. • ❑ **8.** Rabelais disait que le rire est le propre de l'homme. • ❑ **9.** Mes amis aiment beaucoup rire.

SCORE ..../9

COUP DE POUCE
Tu dois cocher quatre phrases.

★ 2 Place dans le tableau les noms suivants : la télévision – le film – la peur – la joie – le jour – l'égalité – l'amitié – les copains – la liberté – les vêtements – les chaussures – la mode – le bruit – la musique – la peinture – la réflexion.

Noms abstraits	Noms concrets
....	....
....	....
....	....

SCORE ..../16

★ 3 Ajoute un de ces verbes introducteurs à chaque phrase : croire – affirmer – vouloir.

1. J'...................... que l'école prépare à la vie.

2. Je .... que nous ne sommes pas trop jeunes pour penser à l'avenir.

3. Je .... que règnent sur la terre paix et fraternité.

SCORE ..../3

Qu'est-ce qu'un argument ? Qu'est-ce qu'un exemple ?

- Quand tu as formulé ton point de vue, il faut le **justifier.** Tu dois t'appuyer sur des **arguments** qui vont dans le sens de ce que tu affirmes.
- Tu dois illustrer chaque argument par un **exemple** qui lui donne plus de poids. Tu peux tirer ces exemples de ton expérience, de tes lectures, de films, de l'actualité… Introduis-les par des expressions telles que : *par exemple, ainsi, on le voit bien quand…*

★★ 4 Ci-dessous arguments et exemples sont mélangés. Coche les arguments puis indique quel exemple illustre chaque argument.

> **COUP DE POUCE**
> Attention à vérifier que l'exemple exprime la même idée que l'argument.

☐ **a.** La lecture ouvre l'esprit et permet de mieux comprendre le monde.
☐ **b.** Quand on lit un roman, on entre dans la vie des personnages. Parfois on s'identifie à l'un d'eux, on partage ses sentiments, ses pensées. On échappe, le temps de la lecture, à sa propre vie.
☐ **c.** Dans beaucoup de familles, les parents lisent le soir une histoire à leurs jeunes enfants. Les mots entendus ainsi enrichissent le vocabulaire de l'enfant, lui permettant d'avoir un accès plus large au monde qui l'entoure.
☐ **d.** La lecture nourrit l'imagination et permet de s'évader.

Argument : .... → Exemple : ....

Argument : .... → Exemple : ....

SCORE .... **/4**

Comment structurer un paragraphe argumentatif ?

- Une argumentation doit être **structurée, organisée** :
  - tu donnes d'abord ton **point de vue** en reprenant une partie de la question (*Je pense que…*) ;
  - puis tu prouves la valeur de ton idée en exposant ton **argument** (*en effet…*) ;
  - enfin, tu illustres ton argument par un **exemple concret** (*ainsi…*).

★ 5 *Le monde d'aujourd'hui laisse-t-il encore une place à un ailleurs qui fait rêver ?* Remets les paragraphes dans le bon ordre en les numérotant.

◯ En premier lieu, il y a toutes ces formes d'évasion que nous proposent, par exemple, la musique, le cinéma ou encore un bon roman. Quand je suis plongé dans un récit fantastique, je suis transporté dans un monde extraordinaire et oublie celui qui m'entoure. Il en est de même quand, casque sur les oreilles, j'écoute mes chansons préférées.
◯ Dans un tel contexte, on pourrait se laisser envahir par le découragement : heureusement, il y a encore de la place pour le rêve et l'espoir.
◯ Mais on peut également trouver des raisons de rêver dans la réalité. Ainsi, certains hommes ou femmes – célèbres ou anonymes – nous donnent des exemples d'engagement et de solidarité qui nous font croire en la possibilité d'un monde meilleur. Je pense par exemple à Nelson Mandela.
◯ Le monde d'aujourd'hui peut rendre pessimiste. Dans les médias, il n'est souvent question que de guerres, de catastrophes naturelles, de crise économique… Les savants, eux, nous alertent sur les dangers que court notre planète, notamment en raison du réchauffement climatique.

SCORE .... **/4**

Corrigés p. 19

TOTAL .... **/ 36**

49 Comparer des images

Quel rôle une image joue-t-elle ?

- Une image, qu'il s'agisse d'une peinture, d'un dessin, ou encore d'une photographie, est porteuse de **différents messages**, tout comme peut l'être un texte.
- Une image peut ainsi être **descriptive et informative**. La photographie d'un paysage ou d'un événement, par exemple, permet de se les représenter avec exactitude.
- Mais l'angle de vue, les couleurs, l'éclairage, les attitudes... sont des éléments qui introduisent une **vision subjective** et changent notre regard.

tableau 1 : Jacques-Louis David, *Bonaparte, Premier Consul, franchissant les Alpes au col du Grand-Saint-Bernard le 20 mai 1800* (1800-1801), Rueil-Malmaison, musée des châteaux de Malmaison et Bois-Préau. Ph © Josse/Leemage

tableau 2 : Jacques-Louis David, *Bonaparte, Premier Consul, franchissant les Alpes au col du Grand-Saint-Bernard le 20 mai 1800* (1800-1801), Berlin, musée du château de Charlottenburg. Ph © BPK, Berlin, Dist. RMN/Jörg P. Anders

INFO
Jacques-Louis David (1748-1825) est célèbre pour ses tableaux représentant Napoléon Bonaparte. Il a été nommé « premier peintre » de l'Empereur.

★★ **1** **Compare ces deux tableaux représentant Bonaparte, peints par David en 1801.**

Éléments comparés	Tableau 1	Tableau 2
date (des tableaux)	....	....
la pose de Bonaparte	....	....
ses vêtements	....	....
son cheval	....	....
le ciel	....	....
le sol	....	....
les personnages de l'arrière-plan	....	....

COUP DE POUCE
Deux réponses sont identiques pour les deux tableaux.

a. Complète le tableau ci-dessus.
b. Quelle impression le tableau 2 te suggère-t-il par rapport au tableau 1 ?

....

....

....

SCORE .... /15

Que peut-on dire d'une image ?

- L'image peut aussi être **explicative et argumentative**. Elle cherche alors, selon le cas :
  - à **convaincre** (c'est le propre de l'image publicitaire qui doit inciter à consommer) ;
  - à **faire réfléchir**, à modifier les comportements.
- Pour **analyser** ce type d'image, il est utile d'identifier :
  - son émetteur et son destinataire (*de qui ? quand ? pour qui ?*) ;
  - sa composition (couleurs, formes, disposition...) ;
  - ses messages visuels et verbaux (ce que tu vois, ce que tu lis).

2 a. **En 1848, Napoléon Bonaparte est-il encore vivant ?** ❑ oui ❑ non

b. **Comment son règne se finit-il ?**

❑ Il meurt au combat. ❑ Il meurt en exil. ❑ Il passe le pouvoir à son fils.

SCORE ..../2

INFO
Napoléon (1769-1821) est mort en exil sur l'Île de Sainte-Hélène le 5 mai 1821.

3 **Observe le tableau et réponds aux questions.**

1. Pourquoi l'homme qui marche à côté du cheval tient-il un pieu ? ....

....

2. Pourquoi a-t-il la main droite sur le cou du cheval ?

....

....

3. Le cheval avance-t-il avec facilité ? ....

....

4. La pose de Bonaparte est-elle celle :
❑ d'un conquérant ❑ d'un homme ordinaire ?

5. Les couleurs sont-elles éclatantes ? ....

Paul Delaroche, *Bonaparte franchissant les Alpes en 1800* (1848), Paris, musée du Louvre. Ph © Josse/Leemage

SCORE ..../5

4 **Compare le tableau de 1848 à ceux de 1801 (exercice 1) puis complète le texte.**

Les trois tableaux représentent .... assis sur un ....
dans un paysage de .... au même moment de sa vie. Le tableau de 1848 semble plus réaliste parce que le cheval ....
et que Bonaparte n'est pas présenté comme un ...., mais comme un homme .... À une époque où la France connaît une grande incertitude politique, il est important de ne pas idéaliser le passé et de faire face aux
....

On peut considérer que le but de Paul Delaroche est de ....
....

SCORE ..../9

COUP DE POUCE
Reprends les réponses données aux questions précédentes.

Corrigés p. 20

TOTAL ..../ 31

Les classes grammaticales et les fonctions

Les classes grammaticales

Classe grammaticale	Exemples	Définition
Mots variables		
nom	*Julie, fille, amitié*	Un nom **désigne** un être, une chose ou une idée. *Julie* est un nom propre, *fille* et *amitié* sont des noms communs.
déterminant	*un, le, cette, ses*	Un déterminant **introduit un nom.** Il forme avec lui un groupe nominal (minimal).
adjectif qualificatif	*beau, vraie, puissants*	Un adjectif qualificatif apporte des **précisions sur le nom** qu'il qualifie.
pronom	*il, lui, celle, les siens*	En général, un pronom **remplace un nom** ou un groupe nominal (*pro* = « à la place de »).
verbe	*aimer, partait, serons*	Un verbe exprime une action ou un état. Il **se conjugue,** c'est-à-dire qu'il prend une forme différente selon le temps de la phrase, le nombre et la personne du sujet.
Mots invariables		
adverbe	*ici, hier, clairement*	Un adverbe peut **s'ajouter** à un verbe pour préciser son sens, mais aussi à un adjectif, un autre adverbe, une proposition.
préposition	*à, dans, à côté de*	Une préposition **sert de lien** entre un mot et son complément.
conjonction	*mais, ou, et, car, que, quand, dès que*	Une conjonction **relie deux propositions** : – de même nature (conjonction de coordination) ; – principale et subordonnée (conjonction de subordination).

Les fonctions

Fonction	Exemple	Définition
À l'échelle d'une proposition		
sujet	*Julie aime Théo.*	Le sujet répond à la question ***Qui est-ce qui ? / Qu'est-ce qui ?*** suivie du verbe.
complément d'agent	*Théo est aimé de Julie.*	Le sujet devient complément d'agent lors de la transformation d'une phrase active en **phrase passive.**
attribut du sujet	*Julie est étudiante.*	L'attribut du sujet exprime une **caractéristique du sujet** ; il s'y rapporte par l'intermédiaire d'un verbe d'état.
COD	*Julie aime le cinéma.*	Le COD **complète** le verbe **directement** (sans préposition).
attribut du COD	*Elle trouve ce film époustouflant.*	L'attribut du COD exprime une **caractéristique du COD** ; il s'y rapporte par l'intermédiaire d'un verbe exprimant un choix, un jugement…
COI	*Théo s'initie à la peinture.*	Le COI **complète** le verbe **indirectement** (avec une préposition).
COS	*Théo envoie un message à Julie.*	Le COS complète un verbe **qui a déjà un complément d'objet**.
complément circonstanciel	*Théo et Julie se voient avec plaisir.*	Un complément circonstanciel exprime une **circonstance** (temps, lieu, manière…) de l'action.
À l'échelle d'un groupe nominal		
épithète	*une étudiante sympathique*	Un adjectif épithète **se rapporte directement à un nom**, qu'il qualifie.
complément du nom	*une étudiante en biologie*	Un complément du nom **complète un nom** à l'aide d'une **préposition**.
apposition	*Passionnée de cinéma, Julie possède 100 DVD.*	Une apposition **se rapporte à un GN**, dont elle est séparée par une virgule (construction détachée).

Les principaux homophones grammaticaux

Ne confonds plus...	Identifie...	Exemples
a et ***à***	• ***a*** : 3e pers. du sing. du v. *avoir* au présent • ***à*** : préposition	*Il **a*** (= avait) *mis du temps **à*** (≠ avait) *arriver.*
ou et ***où***	• ***ou*** : ou bien • ***où*** : exprime le lieu	*Sais-tu **où*** (≠ ou bien) *il est parti en vacances : à la mer **ou*** (= ou bien) *à la montagne ?*
on et ***ont***	• ***on*** : pronom sujet • ***ont*** : 3e pers. du pl. du v. *avoir* au présent	***On*** (≠ avaient) *est surpris par tout le travail qu'ils **ont*** (= avaient) *accompli.*
son et ***sont***	• ***son*** : dét. possessif • ***sont*** : 3e pers. du pl. du v. *être* au présent	*Jules et Julie **sont*** (= étaient) *partis avec **son** scooter* (= le sien).
ces et ***ses***	• ***ces*** : dét. démonstratif • ***ses*** : dét. possessif	***Ses*** *parents* (= les siens) *lui ont offert **ces** belles baskets rouges* (= celles-là).
ce et ***se***	• ***ce*** : dét. ou pronom démonstratif • ***se*** : pronom réfléchi	*Barnabé **se** demande* (→ verbe *se demander*) *encore s'il va aller voir **ce** film* (= celui-là).
c'est et ***s'est***	• ***c'est*** : présentatif • ***s'est*** : *se* + *est*	• ***C'est*** (= cela est) *décidé : nous y allons.* • *Il **s'est** décidé à y aller* (→ verbe *se décider* au passé composé).
la, là et ***l'a***	• ***la*** : article ou pronom • ***l'a*** : *le/la* + *a* • ***là*** : adverbe de lieu	• *Il **la** prend dans ses bras.* • *Il **l'a** appelée.* • *C'est **là** que je les ai vus pour la dernière fois.*
les, l'ai et ***l'est***	• ***les*** : article ou pronom • ***l'ai*** : *le/la* + *ai* • ***l'est*** : *le/la* + *est*	• *Il s'entretenait avec **les** voisins.* • *Je **l'ai** entendu rire.* • *Convaincu, il **l'est** réellement.*
ni et ***n'y***	• ***ni*** : conjonction de coordination de sens négatif • ***n'y*** : *ne* + *y*	• *Je n'ai **ni** regret **ni** rancœur.* • *Je **n'y** pense plus* (= Je ne pense plus à cela).
si et ***s'y***	• ***si*** : conjonction ou adverbe • ***s'y*** : *se* + *y*	• *Il est **si** tard. Je ne sais pas **si** j'ai le courage.* • *Il **s'y** est mis* (= Il s'est mis à cela).
sans et ***s'en***	• ***sans*** : préposition exprimant un manque • ***s'en*** : *se* + *en*	• *Il est parti **sans** elle.* • *Il **s'en** sort bien* (= Il se sort bien de cela).
dans et ***d'en***	• ***dans*** : préposition exprimant le lieu ou le temps • ***d'en*** : *de* + *en*	• *Le spectacle commence **dans** une heure.* • *Il est soulagé **d'en** sortir* (= de sortir de là) *sain et sauf.*
quand, quant et ***qu'en***	• ***quand*** : à quel moment, lorsque • ***qu'en*** : *que* + *en* • ***quant à*** : en ce qui concerne	• ***Quand*** (= à quel moment) *reviendra-t-il ?* • ***Qu'en*** *pensez-vous ?* (= Que pensez-vous de cela ?) • ***Quant à*** *moi* (= en ce qui me concerne), *je n'y crois pas.*
quoique et ***quoi que***	• ***quoique*** : bien que • ***quoi que*** : quelle que soit la chose que	• ***Quoique*** (= bien que) *fatigué, il est là.* • ***Quoi qu'****il fasse* (= quelle que soit la chose qu'il fasse), *il réussit.*
quel(les) et ***qu'elle(s)***	• ***quel(les)*** : dét. interrogatif ou exclamatif • ***qu'elle(s)*** : *que* + *elle(s)*	• ***Quel*** *jour* (= lequel) *sommes-nous ?* • *Il faut **qu'elle*** (= qu'il) *se repose.*
quelque et ***quel(les) que***	• ***quelque(s)*** : dét. indéfini • ***quel(les) que*** + v. *être* au subjonctif : exprime l'opposition	• *Voici **quelques*** (= des) *fleurs.* • ***Quel que*** *soit ton choix, je le respecterai.*

Crédits iconographiques

Carte mentale « Je veux savoir distinguer les genres littéraires » :

hg	ph ©	Leemage
bg	ph ©	Josse/Leemage
bgm	ph ©	Josse/Leemage
bm	ph ©	Luisa Ricciarini / Leemage
bd	©	KIRIKOU ET LA SORCIERE, Un film de Michel Ocelot © 1998 Les Armateurs / Odec Kid Cartoons / France 3 Cinéma / Monipoly / Trans Europe Film / Exposure / RTBF / Studio O

Iconographie : Hatier Illustration

Achevé d'imprimer en France par Imprimerie IPS
Dépôt légal n°05131-7/02 - Octobre 2019